JN436619

권순희 권혜인 김귀화 김나림 김명희 김민아 김민주 김성자 김수정
김영미 김은정 김진숙 노신희 박보배 박정애 변혜영 신임선 윤경희
윤근영 이선정 이세미 이숙희 이정금 이정숙 이정안 이진결 장라희
장윤진 전미화 전복선 정연홍 조경미 주순득 최경순 최영혜

우리들의 가을

대|경|북|스

우리들의 가을

1판 1쇄 인쇄 2023년 10월 6일
1판 1쇄 발행 2023년 10월 12일

발행인 김영대
편집디자인 임나영
펴낸 곳 대경북스
등록번호 제 1-1003호
주소 서울시 강동구 천중로42길 45(길동 379-15) 2F
전화 (02)485-1988, 485-2586~87
팩스 (02)485-1488
홈페이지 http://www.dkbooks.co.kr
e-mail dkbooks@chol.com

ISBN 978-89-5676-991-2

작가의 생각법

4년.

글을 써 온 세월이다.

3권의 개인저서, 10권의 공저를 출간했다.

글쓰기가 무엇이길래, 나는 끊임없이 글을 쓰고 있는 것일까?

더 나아가 사람들에게 글을 쓰라고 목소리를 높이는 것일까?

나무.

그렇다!

글쓰기는 나무다.

하늘의 사랑, 바람의 관심, 태양의 열정, 사람들의 미소를 먹고 매일 자라는 나무.

모든 것을 품고 자연의 섭리에 따라 모양을 바꾸어 가는 나무처럼, 글쓰기 또한 모든 것을 품고 삶에 따라 모양을 바꾸어 간다.

그리고 씨앗이 되어, 열매가 되어, 그늘이 되어, 거름이 되어 사람들과 지구에 나눈다.

나는 나무 같은 사람이 되고 싶어 글을 쓰자, 외치고 있는가 보다.

이즈음에서 '작가라면 가져야 할 태도 3가지'는 무엇인지 생각해 보게 된다.

첫째, 자신의 삶을 사랑할 줄 알아야 한다. 사랑은 관찰로부터 시작된다. 그리고 관찰은 글 쓰는 작가에게 있어 필수 덕목이다. 필요에 따라 지나간 것, 현재, 미래에 시선을 두고 내 마음과의 접점을 찾아 글을 쓰는 것. 그래서 나와 독자들에게 메시지를 던지거나 행동할 수 있도록 돕는 것. 참 멋진 일이다.

둘째, 감사해야 한다. 모든 문제는 감사하면 끝난다. 장미꽃에 감사, 장미꽃 가시에도 감사, 응답하심에 감사, 거절하심도 감사. 감사로 충만한 작가가 쓰는 글은 이 세상을 조금 더 살기 좋도록 만드는 자양분이 된다. 나만 좋자고 글 쓰나? 글쓰기는 인류 번영의 길잡이다. 거창한 것 같지만 사실이다.

셋째, 늘 성장하는 사람이 되어야 한다. 죽을 때까지 놓지 말아야 하는 것, 배움이다. 배움을 멈추는 자는 가르치기를 멈추라 했다.

작가는 가르치는 자이자 배우는 자이다.

배워서 남 주자. 배워서 글 쓰자. 그게 남는 장사다.

자신의 삶을 사랑하고 감사하며 늘 성장하는 사람이 되어 우리 모두 글 쓰는 작가가 되면 좋겠다.

일요일 이른 아침 시각, 서른 명이 넘는 작가들이 한 자리에 모였다. 그리고 삶의 태도와 자신의 생각법을 글로 나누었다. 잘 살아온 자신의 삶이, 후회되는 삶의 조각들이, 앞으로 더 잘 살아갈 자신의 삶이, 독자들에게 도움이 되었으면 하는 마음으로 말이다.

작가의 생각법, 별 것 없다. 잘 살아온 내 삶을 말로 나누고 글로 나누면 되는 것이다. 내 삶을 말과 글로 나누기. 우린 이것을 위해 지구에 왔다. 다 함께 행복하기 위해.

우리 모두 행복하자.

우리 모두 생각하자.

우리 모두 나누자.

그리고 이 책과 함께 행동하자.

사람은 글 쓰는 대로 살아지게 되어 있다.

두 번 없을 내 인생, 글쓰기와 함께 제대로 살아 보길 바란다.

나만의 생각법, 나만의 글쓰기는 제일 힘이 센 무기다.

이제 글 쓰는 작가가 되자.

가을의 풍성함으로,

이정숙

차 례

일단 꿈꾸지 않으면
아무 일도 일어나지 않는다.
- 칼 샌드버그 -

권
순
희

하나. 여러분을 초대합니다

도전은 우리에게 설렘을 선물해 줍니다.
그리고 실수, 실패, 두려움도 공존하지요.
도전할 때마다 저에게 외칩니다.

난 할 수 있어!
해 보는 거야!

도전은 용기와 자신감을 필요로 해요.
우리는 살면서 몇 번이나 도전을 선택했을까요?
저는 지금 글쓰기에 도전을 하고 있습니다.
설렘과 두려움과 함께 말이죠.
그러나 성공할 수 있을 겁니다.
다시금 저에게 외칩니다.

난 할 수 있어!
해 보는 거야!

잊고 살았습니다.
저의 꿈을요.
글을 쓰고 싶다는
꿈이 있었다는 것을 말이에요.

바쁜 일상을 핑계로
시간이 없다는 핑계로
도전하지 않았던 나 자신을 보았습니다.
이제 꿈 많던 열여덟 살 순희로 돌아갑니다.
하루에 한 바닥씩 책 읽기, 깨달음의 한 문장 적기를 실천합니다.
실천하며,
할 수 있다는 자신감으로 나의 꿈을 이루려합니다.

도전의 세계로
여러분을 초대합니다.

한 문장 필사 **용기와 자신감을 가지고 내 꿈에 도전하자.**

권
순
희

둘. 당신의 건강, 어떠한가요?

당신의 건강, 어떠한가요?
우리 모두 잘 알고 있듯이,
건강은 삶의 질을 높여줄 뿐만 아니라 인생에 큰 영향을 미치지요.

자신의 내면에 잠재된 능력을 발휘하려면
엄청난 체력과 에너지가 필요하겠지요?
콘크리트로 바닥을 단단하게 해야 튼튼한 건물이 완성되듯
건강은 모든 것의 기본이자 뼈대가 됩니다.

우리가 쉽게 할 수 있고 바로 실천할 수 있는 건강법이 있다면
어떤 것이 있을까요?
저는 아침에 양치 후 빈속에 음양탕 한 잔을 마십니다.
(음양탕은 위장병의 명약이라지요.)

여러분 스스로 선택한 건강법을 나만의 루틴으로 삼아 보세요.

그리고 지금보다 훨씬 더 건강해져있을 내 모습을 상상해 보세요.

와!

날아갈 것 같지 않나요?

당신의 건강은 또 다른 사람들의 건강을 위해

귀하게 쓰일 것입니다.

건강을 위해 노력하고 성장할 우리를 응원합니다.

한 문장 필사 **건강한 몸은 영혼과 삶의 집이다.**

권
순
희

셋. 운명을 바꿀 수 있는 힘

무엇인가를 성취하려면 어떤 자세가 필요할까요?
저는 '끈기'라고 생각합니다.
내가 이루고 싶은 목표에 집중하고
장애물도 디딤돌로 삼는 끈기로
목표를 성취한 당신의 모습을 상상해 보세요.

원하는 결과에 확신을 갖고
끈기 있게 앞으로 나아가며
결국 해낸 나의 모습을 계속 상상해 주세요.

때로는 포기하고 싶을 때도 있겠지만
끈기 있게 성취를 이루어 낼 미래의 당신은
이제 곧 현재의 당신이 될 겁니다.

'나의 끈기는 여기까지야.'가 아닌
'끈기로 목표를 이루어 냈어!'라고 나에게 말해주세요.
최고의 찬사를 보내는 거죠.

포기하지 않는다면
끈기 하나로 내 삶과 운명을 바꿀 수 있습니다.
여러분은 이미 그러한 분입니다.

한 문장 필사 끈기로 내 삶과 운명을 바꿀 수 있다.

권
혜
인

하나. 도전, 잘 해내고 있습니다

여러분,
도전해 보고 싶은 목표가 있나요?
도전은 삶에서 핵심적인 부분입니다.
도전 없이는 성장이 어렵고,
더 나은 자신을 발견하는 기회를 놓칠 수 있습니다.
도전을 고민하기보다
행동으로 나아가서 어려움을 극복하기 위한 선택을 하는 건 어떨까요?

또한, 도전을 통해 우리는 자신의 한계를 뛰어넘을 수 있습니다.
도전은 자신감을 키우고,
다양한 능력을 향상시키며,
새로운 경험을 쌓는 과정입니다.

도전을 통해 얻는 것은 큰 통찰력과 지식입니다.
도전과 함께하는 실패 또는 성공 덕분에
우리는 자신의 능력을 더 깊게 이해하고 성장시킬 수 있습니다.

지금 당장 할 수 있는 작은 도전은 무엇일까요?
어떤 새로운 것을 배우거나, 새로운 경험을 해보는 것부터 시작해 보세요.
도전을 통해 더 나은 자신을 발견할 수 있을 거예요.

마지막으로, 이미 도전을 선택한 모든 분에게 큰 박수를 보내드립니다.
이 여정을 계속해서 더 큰 성과와 행복을 찾아 나가길 응원합니다.

한 문장 필사 **도전, 우리 모두 잘 해내고 있습니다.**

권
혜
인

둘. 공감하는 삶

여러분은 공감을 잘하기 위해 어떤 인식을 가지고 있나요?
공감은 우리에게 큰 보람을 주며
주변 사람들에게도 긍정적인 영향을 미치죠.

공감의 방법은 간단하면서도 강력한 결과를 가져다줍니다.
소소하지만 공감하는 사람이 될 수 있는 방법, 무엇일까요?
상대방과의 소통을 시작할 때,
미소로 인사를 건네는 것은 기본 중의 기본입니다.
미소는 따뜻함과 친절함을 전달하는데 아주 효과적입니다.
그리고 대화 중에는 내가 말하는 것보다
상대방의 이야기를 듣고 이해하려 노력하는 것이 좋겠지요.
기쁜 순간에는 박수나 칭찬을 통해 축하의 마음을 나타내고,
슬플 때는 침묵이나 위로의 말을 통해 진심을 전하는 것이 중요합

니다.
이런 작은 제스처들은 공감 능력을 향상시켜 주고
서로의 관계를 풍요롭게 만들어줍니다.
또한, 상대방의 관심사에 대해 관심을 표현하거나
어려움을 겪을 때 상대방이 원한다면 도움을 제공하는 것도
공감의 좋은 방법이 됩니다.

여러분이 공감 받았다고 느꼈던 때를 떠올려 보세요.
그리고 여러분이 공감을 해 주었던 경험도 떠올려 보세요.
행복, 기쁨, 뿌듯함 등 좋은 느낌들이 마음에 가득 찰 겁니다.

이처럼, 공감을 통해 서로를 이해하고 배려하는 것은
우리의 삶을 더 아름답게 만들어줍니다.
앞으로도 공감과 함께해 주실 거죠?
공감을 선택한 여러분,
참 멋집니다.

한 문장 필사 이해와 공감으로 우리의 삶을 더 아름답게 만들어 나가자.

권
혜
인

셋. 확신

여러분,
확신이란 무엇일까요?
자신의 판단과 능력을 믿고, 그 믿음을 토대로 행동하는 것입니다.

확신은 우리의 삶에서 중요한 역할을 합니다.
먼저, 확신은 우리의 자신감을 향상시켜 줍니다.
자신의 능력과 결단력을 믿는다면,
어떤 일이든 성취할 수 있다는 자신감이 생기죠.
이러한 자신감은
우리의 행동과 성과에 긍정적인 영향을 미칩니다.

뿐만 아니라, 확신은 우리의 목표를 명확하게 설정하고 추구할 수 있도록 도와줍니다.

목표를 향해 나아갈 때 어려움에 부딪히더라도
확신은 우리를 더 강하게 만들어주고 동기부여를 제공합니다.

확신을 얻기 위해 때로는 내부적인 갈등을 경험할 수 있습니다.
자신의 판단을 의심하거나 어떤 상황에서 확신을 잃을 수 있습니다.
그럴 때는 잠시 쉬는 시간을 가지고 다시 도전하는 것이 좋습니다.
그 경험을 통해 성장하고 더 나아갈 수 있습니다.
“나는 왜 의지가 없는 걸까?”라는 생각보다
“처음 도전했는데 생각보다 잘 되네. 앞으로도 잘 할 수 있을 것 같아.”라고 스스로에게 힘을 주는 것이 중요합니다.
긍정적인 자세와 확신을 가지면,
미래에는 더 큰 성취를 이룰 수 있을 것입니다.

우리는 할 수 있습니다.
자신의 능력을 믿고 확신을 키우면,
더 나은 미래를 향해 나아갈 수 있을 것입니다.
그래서 확신은
자신을 더 믿을 수 있게 만들어 주는 소중한 역할을 합니다.

한 문장 필사 **확신은 나를 더 믿을 수 있게 만들어 준다.**

김

귀

화

하나. 해 보자!

'작가, 해 보자!'
매번 생각만 하고 도전하지 못했던 저의 모습을 떠올려 봅니다.
오늘 책 쓰기 강의를 들었어요.
그리고 쿵쾅거리는 가슴으로 저의 오래된 꿈을 이루기 위해
지금 이렇게 글을 쓰고 있습니다.

여러분!
우리 함께, 다시 용기를 내 보아요.
할 수 있다는 믿음을 가지고
다시 한 번 더 마음을 부여잡고 용기를 내 보아요.
별 일 아닙니다.
가슴 졸일 필요 없습니다.

한 번이 두 번 되고,
두 번이 세 번 되는 겁니다.
축적된 시간은
우리를 정상에서 만나게 해 줄 겁니다.

지금 저는 외쳐봅니다.
"나는, 글 쓰는 작가다!"

용기 낸 저에게,
글을 쓸 수 있는 저에게,
여러분을 생각하는 저에게 감사합니다.
이제 함께 해 보아요.

한 문장 필사 용기는 우리를 정상으로 이끌어 준다.

김

귀

화

둘. 희망은 가지는 것

우연이었을까,
간절한 버킷리스트 덕분이었을까.
평소에 뵙고 싶었던 문상희 작가님을 뵙게 되었어요.
저의 가슴은 붉게 타오르는 태양이 되어 버렸답니다.

그리고 또 다른 희망이 생겼어요.
나도 누군가에게
삶의 희망을 키워주는 따뜻한 사람이 되고 싶다,
보고 싶어 하는 사람이 되고 싶다고 말이죠.

더 명확한 삶의 의미를 찾아
한 걸음씩 전진하고 있어요.

그리고 멋지게 날아오를 겁니다.
생각만 해도 벅차네요.
기쁨은
꿈꾸는 자, 행동한 자만이 얻을 수 있는 보석인 것 같아요.

지금보다 더 나은 미래를 선택할 수 있는 용기,
오늘을 잘 살아낼 수 있는 최선과 함께
저도 할 수 있고
여러분도 할 수 있어요.

우리,
희망을 가져요.

한 문장 필사 **희망은 버리는 것이 아니라, 가지는 것이다.**

김
귀
화

셋. 일단, 걸어보세요

딩동딩동!
새벽 5시면 어김없이 울리는,
저의 미라클 모닝 시간입니다.
영혼을 깨우는 기적의 시간이지요.

누구나 이루고 싶은 꿈이 있어요.
꿈을 이룬 사람과 꿈을 꿈으로만 두고 있는 사람의 차이는
행동을 했느냐 하지 않았느냐에 있습니다.
힘들고 고통스러웠지만 꿈을 이룬 사람들은
결국 자신의 길을 걸어갔습니다.
꿈을 이루고 성공하려면
반드시 통과해야 하는 고비가 있지요.

지금 이 곳에 여러분이 서 있는 이유는 무엇일까요?
여러분이 원하는 삶, 여러분 스스로 만들고 싶지 않으신가요?
여러분의 꿈을 이루기 위해 여러분의 시간을 무엇으로 채워가고 있나요?

현재의 삶을 사랑하면서 끊임없이 배움을 선택하시면 좋겠어요.
여러분의 자리와 여러분의 꿈을 즐겨주시면 좋겠어요.
모든 것이 여러분의 선택에 달려 있습니다.

한 발짝, 두 발짝, 세 발짝….
일단, 걸어보세요.
우리의 꿈은 이루어집니다.

한 문장 필사 어디 한 번 해 보자!

김

나

림

하나. 나는 감사, 사랑 그 자체입니다

세상에는 세 가지 일이 있대요.

신의 일.

너의 일.

그리고

나의 일.

'너의 일'과 '신의 일'에 집중하면

감사와 사랑이 사라지는 것 같아요.

'나의 일'에 집중한다면요?

감사와 사랑이 내 삶을 풍요롭게 할 것입니다.

'나의 일'에 집중하려면
나는 나에게 무엇을 해 주면 될까요?
제가 한 번 제안 드려 볼게요.

하루에 한 가지,
감사한 것을 기록해보세요.
그리고 기록한 감사를 크게 외쳐보세요.
감사와 사랑의 마음이 내 삶에 더 가까이 와 있죠?
그래요, 맞아요.
나의 존재, 나의 삶이
감사, 사랑 그 자체입니다.

한 문장 필사 **나는 감사, 사랑 그 자체입니다.**

김

나

림

둘. 건강은 선물입니다

지금 여러분은 건강하나요?
더 없이 행복한 삶을 살 수 있도록 아름다운 영향을 미치는 것,
건강이지요.

건강은
생기 있고 짜릿한 삶을 누릴 수 있도록 도와줍니다.
소중한 자신에게 건강한 삶을 선물하고 싶다면
건강한 신체, 건강한 생각을 지속하고 확장하는 그룹과 함께 하세요.

당신이 생각하는
진짜 건강은 무엇인가요?

건강을 유지할 수 있도록
바로 실행할 수 있는 것들은 무엇인가요?
지금 머릿속에 떠오른 그 방법을
오늘 실천해 보는 겁니다.

생기 넘치고 짜릿한 건강한 삶을 누리고 있는 나.
더없이 행복한 삶을 아름답게 살아가는 나.

상상해 보세요.
와우!
멋집니다!
빛이 납니다!

매순간 건강한 나와 마주하세요.
내가 상상하는 것보다 더 좋은 것들이 올 거예요.
나와 함께하는 건강이
내일의 생기를 초대해 줍니다.
여러분의 선택이 나와 내가 사랑하는 사람에게 건강을 선물할 것입니다.

한 문장 필사 **건강은 나와 내가 사랑하는 사람들을 위한 최고의 선물이다.**

김

나

림

셋. 감사를 초대합니다

세상에 당연한 것이 있을까요?
당연함을 감사로 바꾸어보세요.
그리고 감사한 것 한 가지를 기록하고 낭독해 보세요.
소소한 일상 속에서 하나씩 발견해 가는 감사 덕분에
더 감사한 세상을 창조하게 될 거예요.

감사가 발견되지 않는 날에는
소리 내어 외쳐보세요.
"감사합니다!"라고요.
'내 삶에 감사라고는 찾아볼 수 없어.'라는 생각보다
'존재하고 있는 나와 자연에 감사하다.'라는 생각을 선택해 보세요.

감사한 삶의 연속이 될 것입니다.

한 문장 필사 **감사를 내 세상에 초대해 보세요.**

"엄마가 쓴 글, 읽어봐 줘."
제가 쓴 글을 읽은 후 아들 예준이가 말했어요.
"엄마, 저도 글 쓸래요."
아들과 함께 작가의 삶을 살 수 있어 행복합니다.

당신은 사랑이 강한 사람입니다.
왜냐하면 예준이를 만났기 때문입니다.

당신의 행운을 찾아보세요!
당신은 분명 행운아입니다.

나쁜 사람이 되지 말고 좋은 사람이 되세요.
당신은 선택할 수 있어요.

마음 관리도 중요하지만 몸 관리도 해야 합니다!
건강관리, 꼭 하세요.

슬픈 일이 있을 때 기쁜 마음도 있다고 생각하세요.

좋은 사람인 당신의 선택을 응원합니다!

예준 쓰다.

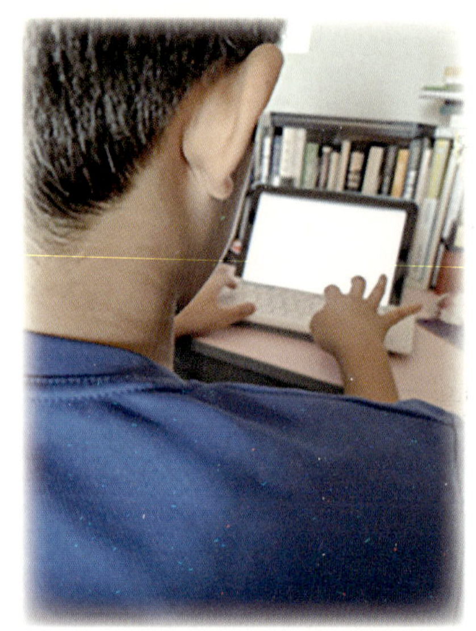

김 명 희

하나. 감사의 힘

존재의 이유를 고민하고 계신가요?

자연의 품에 안겨 보세요.
한 걸음 한 걸음 내딛을 때마다
'감사'가 곁에 있을 것입니다.

도무지 감사할 일이 없다는 생각이 드시나요?
지금 이 순간,
눈으로 책을 읽고 계시잖아요.
손끝으로 점자책을 읽어야 한다면 어떨 것 같나요?

오늘 하루를 감사로 물들인다면
여러분의 삶은 아름다운 가을 풍경을 닮아 있을 것입니다.

우리들의 가을,

우리들의 감사입니다.

한 문장 필사 감사는 존재의 이유를 가르쳐 준다.

김

명

희

둘. 행동의 결과

여러분이 원하는 삶,
상상해 본 적 있으신가요?
어떤 상상도 현실이 되는 방법,
여기 있습니다.

먼저,
여러분이 상상하는 것보다 더 높은 기준을 세워 보세요.
할 수 없는 이유가 오만가지 떠오를 것입니다.
이제는 종이 한 장을 반으로 접어 보세요.
왼쪽에는 못할 이유 오만가지 중 10가지를 적고,
오른쪽에는 해야 할 이유 딱 1가지만 적습니다.
그리고 종이를 지긋이 바라보세요.

어느새 해야 할 이유 1가지에 눈과 마음이 머물 것입니다.

이때 "이까짓 것, 뭐라고!" 소리치세요.
높은 기준 아래에 있는, 가장 실천하기 쉬운 행동 하나를 찾습니다.
'이 정도는 하지.'라는 마음으로 그 행동을 딱 한 번만 해 보는 것입니다.

행동의 결과는 무엇이든지 0 또는 1입니다.
손해 볼 것 없는, 수지맞는 장사이지요.

이 글을 읽고 고개를 끄덕이고 있다면
어떤 높은 기준도 모두 이루어질 것입니다.

나의 꿈도
여러분의 꿈도
뜨겁게 응원합니다.

한 문장 필사 **행동의 결과는 손해 볼 것 없는, 수지맞는 장사다.**

김

명

희

셋. 나를 향해 걷는 하루

새벽 알람이 울리면 가족 중 가장 먼저 일어나는 나.
나도 더 자고 싶다.

애써 아침밥 차려놓으면 입맛 없다고 나가버리는 남편.
지각이라고 뛰쳐나가는 아들.
밥은 안 먹어도 화장은 해야 하는 딸.

한바탕 난리 후 세상 조용해진 순간
식어버린 밥상에서 아침을 먹을까 치워버릴까 멀뚱히 바라보고 있는 나.

자유롭게 살고 싶은데 그렇지 못한 상황 때문에 가슴이 먹먹하다면
한 번 쯤 이렇게 해 보는 건 어떨까요?

설거지 하다 말고 책 한 권 들고 카페에 가는 거죠.
다 안 읽으면 어때요? 있어 보이잖아요.
빨래를 개다 말고 친구를 만나러 가는 거죠.
놀아 줄 테니 친구에게 밥 사라 하세요.
청소를 하다 말고 쇼핑을 가는 거죠.
백 바퀴 돌고 안사면 어때요? 저절로 운동했잖아요.
아침상을 차려놓고 산책을 가는 거죠.
어디 갔냐 가족에게 전화 오면 몰라도 된다고 끊어버려요.

이것만 하고, 이것만 하고, 이것만 하고….
그러다 정작 하고 싶었던 것은 하나도 못하고 맞이한 오늘이 아닌가요?

하던 것 안 해도 걱정하던 일, 안 일어납니다.
안 하던 것 해도 걱정하던 일, 안 일어납니다.

어디론가 향하는 열 걸음 중,
한 걸음은 나를 향해 걷는 하루가 되시길요.
여러분은 머리카락 한 올까지 소중한 분입니다.

한 문장 필사 안 하던 것 해도 걱정하던 일, 안 일어납니다.

김

민

아

하나. 그냥 도전하면 됩니다

여러분의 꿈을 이루기 위해
지금 어떤 고민을 하고 있나요?

꿈을 현실로 만들기 위해 배워야 할 것이 있으면
도전하면서 배우면 됩니다.
나의 시간도 나의 열정도
도전에 집중해 보세요.
그냥 도전하면 됩니다.
도전의 동반자인 의지와 함께 말이죠.

도전이란 단어를 들으면 어떤 결과가 상상되시나요?
꿈을 이루어낸 듯 최고의 순간들을 상상하며 떠올려 보세요.

그때 그 순간처럼 표정을 짓고, 숨결을 느껴 보아요.

그 결과과 나를 행복하게 하나요?

마음껏 행복해 하세요.

도전은 우리의 꿈을 실현할 수 있는 가슴 뛰는 미래의 설계도입니다.

도전을 디자인하세요.

도전은

우리의 꿈이 이루어지게 할 것입니다.

한 문장 필사 **그냥 도전하면 됩니다.**

김

민

아

둘. 경이로운 느낌표

여러분은 공감에 대해 어떻게 생각하시나요?
공감은 모든 일에 의미를 부여할 수 있는,
인간이 갖는 경이로운 친절의 느낌표입니다.

공감할 수 있는 능력을 발휘하려면
감정의 신호를 이용하여 관심의 빛을 발휘하고
어둠의 감정에 휘둘리지 않아야 겠습니다.

공감은
위대한 감정의 산물입니다.
공감은
기적입니다.

공감은

모든 걸 수용할 수 있는

우주의 에너지만큼 힘이 셉니다.

공감을 선택함으로

여러분만의 세계를 멋지게 만들어 보세요.

그리고 그 세계에 소중한 사람들을 초대해 주세요.

경이로운 이 일을 꼭 이루어 주세요.

한 문장 필사 **공감은 경이로운 느낌표다.**

김

민

아

셋. 귀한 마음

삶의 평안함을 얻고 싶다면
'한결같은 마음'을 선택해 보세요.
내가 원하는 결과가 당장 눈에 보이지 않더라도
목표를 이루기 위해 애썼던 과정을 소중히 여기는 한결같은 마음을 유지해 보는 거죠.

만약 어떤 상황에서 내 감정이 좌절감과 불안에 압도당했다면
나를 소중히 여기는 한결같은 마음으로 다스려 보세요.
'괴물은 작을 때 없애라.'라는 말이 있듯이
조급함이 올라올 때 빨리 "STOP!"을 외치세요.
부정적 감정이 올 때도 빨리 "STOP!"을 외치세요.
'나는 평안과 긍정을 선택하는 한결같은 사람이야.'라는 생각으로 말이죠.

한결같음은

나를 살게 하는 귀한 마음입니다.

한 문장 필사 한결같음은 나를 살게 하는 귀한 마음이다.

김

민

주

하나. 나의 또 다른 이름, 꾸준함

"괜찮아요. 지금도 충분해요."
토닥토닥 인정의 손길과 마음에 나를 맡겨 보세요.
먼 길을 돌고 돌아 다시 찾은 꾸준함,
나의 또 다른 이름입니다.

여러분이 생각하는 꾸준함의 기준은 무엇인가요?
꾸준함을 익히기 위해 가장 좋아하는 일부터 시작해 보는 건 어떨까요?
'시작이 반이다.'라는 말도 있잖아요.
꾸준함 뒤에 찾아오는 밝은 미래를
우리 두 팔 벌려 꼭 안아 봐요.

여러분을 기다리고 있겠습니다.

한 문장 필사 나의 또 다른 이름은 '꾸준함'이다.

김
민
주

둘. 당신이 선택한 배려 덕분에

도와주거나 보살펴 주려고 마음을 씀.
'배려'의 뜻입니다.

여러분은 살면서 누군가를 배려해 본 적이 있나요?
누군가의 배려로 감사한 적은요?

배려하기 위해서는
상대를 진심으로 이해하고 사랑할 수 있어야 해요.
이제 여유로운 시간과 함께 누군가를 배려했던 경험을 떠올려 보세요.
그리고 상대의 배려로 감사했던 경험도 떠올려 보세요.
그것을 알아차리는 순간, 평온함이 밀려옵니다.

작은 마음 나눔으로 서로를 따뜻하게 연결해 주는 배려,
쉽지는 않아요.
그래도 경청, 공감, 이해하는 마음이 함께 한다면 가능한 일이지요.
서로를 배려하는 모습들이 많아진다면
우리 삶도 풍성해지지 않을까요?

오늘 여러분이 보여줄 수 있는 배려의 모습을 한 가지 떠올려 보세요.
당신이 선택한 배려 덕분에
우리 삶에 행복한 웃음이 피어날 것입니다.

한 문장 필사 **서로를 따뜻하게 연결해 주는 배려 덕분에 행복합니다.**

김
민
주

셋. 확신

글쓰기로 내 삶이 변할 수 있다는 확신과 함께 글쓰기를 시작했어요.
글 쓰는 시간이 쌓여갈수록 마음에 공간이 생겼어요.
저를 있는 그대로 바라볼 수 있는 공간,
타인을 이해할 수 있는 공간,
이 세상은 살 만 하다 믿을 수 있는 공간이었죠.

여러분께 권해 드려요.
확신을 가지기 위해 할 수 있는 일이 무엇인지 기록해 보세요.
캄캄한 터널을 지나 눈부신 하늘과 마주한 나를 보면
행복한 눈물이 흐릅니다.
애써서 지금까지 잘 살아온 나를 꼭 껴안아 주세요.

진짜 나를 만나고 싶다면,
그래서 내가 소중하다는 확신을 가지고 싶다면,
저처럼 내 안의 소리를 글로 남겨 보는 건 어떨까요?
'내가 글을 쓴다고? 어떻게?' 밀려오는 걱정보다
'그냥 해 보는 거야!' 자신을 믿고 시작해 보세요.

확신은 새로운 인생의 동행자입니다.

한 문장 필사 확신은 새로운 인생의 동행자입니다.

김
성
자

하나. 당신은 이미 잘 되고 있습니다

매일 아침, 거울에 비친 내 눈을 바라보며
내가 나에게 세 번 외쳐 봅니다.

"넌 할 수 있어!"
"넌 할 수 있어!"
"넌 할 수 있어!"
그 순간 긍정 에너지가 나를 감싸줍니다.

"걱정하지 마."
"잘못될 일 없어."
"넌 이미 잘 되게 되어 있어!"
라고 또 다른 내가 나를 반겨줄 겁니다.

말에는 힘이 있습니다.

스스로에게 내 안의 열정을 일깨워 준 겁니다.

당신은 이미 잘 되게 되어 있으니까요.

한 문장 필사 **내 안의 열정 에너지를 믿으세요.**

김
성
자

둘. 유연함을 가진 공감부자

자신의 삶 속에서
얼마나 많은 공감을 하며 사는지 생각해 본 적 있으신가요?
명상을 하듯,
자신의 내면과 대화하는 시간을 가져보세요.
정말 소중한 경험이 될 겁니다.

'공감'이란 단어를 떠올려보세요.
생각만으로도 따스함이 느껴집니다.
공감이 주는 따스함은
인생에 좋은 영향을 많이 줍니다.
그렇다면
공감할 수 있는 능력을 갖추기 위해서는 어떤 자세가 필요할까요?

자신과 타인의 삶을 있는 그대로를 받아들이고 인정해 주는 것입니다.

쉽고 편하게 해볼 수 있는 방법 중 하나로

내가 공감할 수 있는 것들이 무엇인지 글을 써보는 것입니다.

여러 감정과 많은 생각이 나타납니다.

내 삶 속에서 공감이 차지하는 부분이 의외로 크고 넓다는 것도 알 수 있게 됩니다.

공감의 능력을 갖춘 삶의 모습은 어떨까요?

유연한 모습으로 삶을 대처하는 자신의 모습을 한번 떠올려보세요.

정말 멋지지 않나요?

유연함을 가진 공감부자로 거듭난 당신은

자신과 주변 사람들에게 휴식 같은 삶을 선물하는 아주 멋진 사람이 될 겁니다.

이런 삶!

지금부터 만들 수 있습니다.

바로 지금 당신이 선택만 한다면요.

바로 지금요.

한 문장 필사 **나는, 유연함을 가진 공감부자다.**

김
성
자

셋. 당신은 능력자

어떤 문제가 발생해서 좋지 않은 결과를 초래하게 되었을 때
당신은 가장 먼저 어떤 생각을 하나요?
실수한 사람을 원망하나요?
역시 해도 안 된다는 체념을 하나요?
바뀌지 않을 현실을 부정하나요?

강에서 우아한 몸짓을 보이며 떠 있는 백조는 사실
물밑에서 엄청나게 빠른 발짓으로 중심을 잡고 있다고 하지요.
그걸 바라보는 당신의 모습을 떠올려보세요.
어떠신가요?

좋지 않은 결과가 벌어진 것, 어쩔 수 없지요.
누구를 원망한다거나 탓한다고 해서

바뀌는 건 아무것도 없다는 걸
우리는 너무나 잘 알고 있습니다.

그렇다면 어떻게 하는 것이 가장 좋은 선택일까요?

그 순간 나의 내면에 초연함으로 큰 힘을 실어주는 겁니다.
그리고 결과를 인정하는 거죠.
또 다른 실수를 줄일 수 있는 가장 현명한 방법이겠죠?

불안감도 초연함도
내 안에서 만듭니다.
여러분은 어떤 것을 만드시겠어요?

당신은 초연함을 만들고 사용할 수 있는 능력자입니다.
당신의 선택은 이미 백조를 닮아 있습니다.
당당해질 당신의 미래가 기대됩니다.

한 문장 필사 **당신의 미래가 기대됩니다.**

김
수
정

하나. 지금 하시면 됩니다

행하지 않는 믿음은 죽은 믿음이라 했던가요?
좋은 계획과 꿈이 있더라도 행동하지 않는 것은
스케치 후 채색하지 않은 그림과 같고,
재단 후 꿰매지 않은 옷과 같지요.

자! 이제 우리
그림을, 옷을 완성해 볼까요?

여러분에게 계획, 꿈, 좋은 생각이 있다면
그것을 이룰 수 있는 소소한 행동 한 가지를 정해
지금 바로 실천해 보세요.
"일어나 걸으라."

한 걸음씩 걷고 있는 우리가 보이네요.
잘 하셨어요.
아주 잘하고 계세요.
그렇게 하시면 됩니다.

어머!
목적지에 서 계신 당신이 보이네요.

한 문장 필사 **지금 하시면 됩니다.**

김
수
정

둘. 모든 것에 사랑을 담아

저는 제 몸을 사랑합니다.
건강을 위해 운동을 하고 씻기고 먹이고 재우고 보습과 탄력을 주며 피부 관리도 합니다.

사랑하는 가족을 위해서는
요리하고 집안일을 하고 저축하고 고민하고 직장에서 일을 하지요.

내가 사랑하는 언니 형부 조카 손주에게 말을 아끼고 그들의 말을 듣습니다.
그들의 사랑을 받고 고마움으로 답례합니다.
행복하게 살아가는 나를 만들고 그들의 삶을 축복합니다.
언니들의 가족을 귀하게 대하고 그들이 있어서 얼마나 고마운지
사랑을 담아 그들을 마주합니다.

내가 사랑하는 친구들에게
시간을 내고 안부를 묻고 만남을 갖고
친구와의 추억을 간직하고 나이 들어가는 모습에 위로를,
잘 살아가고 있음에 격려를 보냅니다.

나의 사랑하는 스승님께
잘 듣고 잘 보고 잘 배우며 질문합니다.
스승님의 삶을 만나고 본받습니다.
사랑입니다.

내가 사랑하는 대자연의 숨결에 감사하며
그 안에서 숨 쉬고 걷고 만나고 살아있음에 감사합니다.
우주 안의 나와 연결되어 있는 모든 것에 사랑을 담아 공경의 미소를 보냅니다.

여러분과도 함께 합니다.

한 문장 필사 우주 안의 나와 연결되어 있는 모든 것에 사랑을 담아 미소를 보냅니다.

김
수
정

셋. 자! 오늘입니다

삶은 탁월함을 추구하는 것이라고 하지요.
그래서 생각해 보았습니다.

나는 어떤 탁월함을 추구하는가?
탁월함을 나타낼 수 있는 삶의 영역은 무엇인가?
내가 바라는 탁월함을 위해 어떤 노력을 하고 있는가?

그러고 보니,
내가 추구하는 탁월함이 무엇인지 먼저 정해야 겠네요.

경청. 배려. 관용. 기쁨. 감사. 겸손. 자기절제. 세움. 글씨 쓰기 등등….

내가 원하는 탁월함의 수준만큼
노력과 행동도 따라야 함을 깨닫게 됩니다.

여러분도 여러분이 추구하는 탁월함을 이루기 위해
노력할 부분을 정한 후 실천해 보면 어떨까요?
소소한 행동이 쌓이고 쌓인다면,
내가 추구하는 목표지점에 다가가 있을 거예요.

자! 오늘입니다.
우리 함께, 시작해 보아요.
삶의 탁월함은 내가 만듭니다.
어떻게요?
오늘의 행동으로요.

한 문장 필사 **탁월한 삶은 오늘 내가 만든다.**

김
영
미

하나. 아름다운 선택

우리, 용기 내어 보아요.
우리, 도전해 보아요.
우리, 자신감을 선택해 보아요.
우리의 꿈은 소중하잖아요.

용기, 도전, 자신감을 벗 삼아
소중한 우리의 꿈을 이루기 위해
매일 독서를 해 보아요.
독서는
꿈을 이룰 수 있는 마음을 단단히 만들어 줍니다.
독서는
꿈을 이룰 수 방법을 친절하게 가르쳐 줍니다.

여러분이 선택하고 싶은
꿈의 동력은 무엇인가요?
여러분이 선택하고 싶은
실천사항은 무엇인가요?

우리의 꿈이 현실이 되어 있는 그 날,
환한 미소로 뵙겠습니다.

한 문장 필사 **소중한 꿈을 이루기 위해 용기를 선택하자.**

김
영
미

둘. 즐거움

즐거움은
'즐거운 느낌이나 마음'을 뜻합니다.

여러분은 즐거움을 느낀 적이 언제인가요?

고객들의 얼굴을 보며 소통할 때,
친구들과 수다를 떨며 여행을 할 때,
딸들의 일상을 들을 때,
저는 즐거움을 느낀답니다.

즐거움은
우리 삶을 풍요롭게 만들어 주지요.

궁정 마인드로 세상을 바라보며
평범한 일상 속에서 즐거움을 찾아보는 건 어떨까요?

지저귀는 새소리,
시원한 바람 한 줌,
푸른 하늘,
차 한 잔의 여유,
모든 것이 즐거움을 줍니다.

오늘 여러분은 어떤 즐거움을 발견하게 될까요?
하루가 가기 전, 오늘 발견한 즐거움을 기록해 보세요.
또 다른 즐거움이 여러분을 찾아올 겁니다.

한 문장 필사 **모든 것이 즐거움이다.**

김
영
미

셋. 목표를 성취할 수 있는 방법

끈기,
삶을 살아가면서 가져야 할 중요한 태도 중 하나가 아닐까요?

한 달 뒤에 있을 10km 마라톤 경주를 준비하며
새벽운동으로 5km를 뛰는 연습을 했습니다.
처음에는 숨이 차서 걷기도 하고 멈추기도 했어요.
온 몸에 땀이 흐르고 다리는 점점 힘이 풀렸지요.
그만 둘까, 몇 번이고 고민을 했습니다.
하루, 이틀, 그리고 보름이 지나자
달리기는 어느새 좋은 습관이 되어 있었어요.
숨쉬기도 편해지면서 주변의 새소리, 바람소리도 듣게 되었지요.
5km를 완주하고 나면 기분이 너무 좋았어요.

원하는 목표가 있다면 작은 습관부터 끈기 있게 실천해 가는 것, 어떨까요?
결국 목표를 성취하게 될 것입니다.

토끼와 거북이 우화를 보면
거북이는 느리지만 끈기 있게 거북이만의 루틴으로 경기에서 승리했습니다.
내가 원하는 목표를 누군가와 비교하거나
목표가 빨리 이루어지지 않는다고 실망하는 건 도움이 되지 않아요.
나만의 작은 습관을 끈기 있게 실천하는 것,
목표를 성취할 수 있는 방법입니다.

오늘부터 작은 습관을 끈기 있게 실천하면서 목표를 위해 달려 봅시다.

한 문장 필사 **끈기 있는 실천, 목표를 성취할 수 있는 방법이다.**

선과 악, 행복과 불행, 부유와 가난을

만드는 것은

모두 마음이다.

- 애드먼드 스펜서 -

김
은
정

하나. 당연하지 않은 오늘

오늘도 새로운 하루가 시작되었습니다.
누구에게나 공평하게 주어지는 24시간이 참 감사합니다.
오늘 나에게 온 하루를 감사함으로 보내기 위해서
우리는 무엇을 할 수 있을까요?

좋지 않았던 기억들은 지워버리고
무엇이든 할 수 있다는 믿음과 새로운 마음으로 하루를 시작해야겠어요.
건강하게 일어나 하루를 시작하는 나에게 감사합니다.
건강하게 일어나 하루를 함께 시작하는 가족이 있어 행복합니다.
나에게 주어진 당연한 것들은 당연하지 않습니다.
나에게 다시 찾아온 오늘 하루 역시 당연하지 않습니다.

지금 이 글을 읽고 있는 순간, 당연하지 않습니다.

여러분에게 주어진 새로움의 기회를 발견해 보세요.

감사해 보세요.

우리의 하루는 특별합니다.

한 문장 필사 **누구에게나 공평하게 주어지는 오늘, 특별하고 감사합니다.**

김
은
정

둘. 무엇이든 할 수 있는 방법

당신은 건강을 위해 어떤 노력을 하고 있나요?
'나는 건강해!'라고 자신하며
건강하지 못한 습관들을 무심코 행하고 있진 않은지 생각해 보세요.
건강이 소중하다고 생각하신다면
지금 당장이라도 건강에 해가 되는 나쁜 습관들을 하나씩 버려보세요.
야식, 치맥, 급하게 먹기, 사소한 일에 화내기, 무엇이든 미루는 습관, 질투 등지금까지 친구처럼 지내왔던 나쁜 습관들을 버려야 합니다.

건강하지 못한 습관들과 이별하고
건강한 몸과 건강한 정신으로 다시 시작한다는 것!
설레고 기대되지 않나요?

몸과 마음이 건강한 우리는
무엇이든 시작할 수 있습니다.
무엇이든 성공할 수 있습니다.

한 문장 필사 몸과 마음이 건강한 우리는 무엇이든 시작할 수 있고 무엇이든 성공할 수 있습니다.

김
은
정

셋. 감사의 눈

여러분, 인생이 불행하다고 생각하시나요?
자신의 마음을 천천히 들여다보세요.
어떤 상황과 감정들 때문에 내가 힘든 것인지 말이지요.
남들과 비교하며 스스로를 불행의 늪으로 더 빠트리고 있는 건 아닐까요?
시기, 미움, 질투로 가득 차 있다면
조금만 더 여유를 가지고 주변을 둘러보세요.
아침에 일어나 건강하게 하루를 시작하는 것.
퇴근 후 친구와 전화하기.
가족과 저녁 먹기.
운동하기.
내가 갖고 있는 사소한 것들 중에 큰 행복들이 숨어 있답니다.

불행할 이유가 하나도 없지요.
내가 가진 모든 것을 감사의 눈으로 바라본다면 가능합니다.
감사의 마음이 점점 커진다면
어느새 당신은 기쁨 가득한 일상들을 즐기며
타인에게도 친절함과 관용을 베풀 수 있는
행복한 사람이 되어있을 거예요.

"감사합니다."
이 한 마디의 힘을 늘 기억해 주세요.
그리고 감사를 선택해 주세요.
감사는 늘 여러분을 기다리고 있습니다.

한 문장 필사 **내가 가진 모든 것을 감사의 눈으로 바라보자.**

김
진
숙

하나. 지혜를 주는 에너지

매일 아침 눈을 뜬다는 것,
당연한 일일까요?
이보다 감사한 일이 없습니다.
밤새 무사했고
새로운 아침을 맞이했고
오늘이라는 희망이 또 다시 내게 주어졌으니까요.

당신은 오늘 하루를 어떻게 시작하셨나요?
마냥 주어지는 똑같은 날들이니 의미 없이 무감각하게 하루를
시작하려는 것은 아니시겠지요?
당연하게 주어진 우리의 오늘이
어제의 누군가는 그토록 원하던 내일이잖아요.

똑같은 하루는 없어요.
나를 위해 의미 있는 오늘을 만들어보는 거죠.
잘 잠든 어제가 감사했고,
무사히 눈뜬 아침에 감사해 보는 겁니다.
마음 속으로 '감사합니다.'를 되뇌이며
오늘을 시작하는 거예요.
내게 주어진 일상의 순간에서 감사를 느끼고 산다면,
모든 일을 해낼 수 있어요.
설령, 뜻대로 되지 않을 때에도
스스로를 위로하고 내일을 살아가는 힘을 얻게 되지요.
감사의 에너지를 모아 시작한 오늘은
힘든 일을 긍정의 지혜로 이겨내게 합니다.

감사는 힘이 셉니다.
감사는 지혜입니다.
감사는 최고입니다.

한 문장 필사 **감사의 에너지는 지혜를 준다.**

김

진

숙

둘. 진심을 선물하다

공감,
마음 깊은 곳에서 이루어져야 하는 삶의 태도이지요.
좋은 일에 대한 공감은 기쁨을 배가시키고
힘든 일에 대한 공감은 큰 위로를 받게 합니다.

공감에는 특별한 기술이 필요하지 않아요.
상대방의 말에 귀를 기울이고 마음을 다해 경청한다면
나의 눈빛에서, 숨소리에서 감동과 위로를 느낄 수 있게 됩니다.
옳고 그름을 판단하기보다 잘 들어주고 고개를 끄덕여 주는 것,
삶의 중요한 태도인 것 같아요.

나의 공감의 태도에 감동받은 사람은
또 다른 이에게 공감을 선물하게 될 겁니다.

이렇게 공감은 공기처럼 선순환 되고,
종소리처럼 퍼져 나가게 되는 거죠.

공감,
참 멋지죠?
누구나 할 수 있을 것 같지만,
아무나 할 순 없어요.
여러분이 선택한 공감으로
소중한 사람들에게 진심을 선물하는
오늘이 되길 바랍니다.

한 문장 필사 **공감은 진심을 선물해 준다.**

김
진
숙

셋. 한결같은 사람

매일을 한결같이 살아낸다는 것은 어려운 일임에 분명하지요. 저는 남편을 존경합니다. 그는 새벽 3시가 조금 넘으면 일어나서 출근을 해요. 며칠 정도 새벽에 일어나는 것은 쉬울 수 있겠지만 26년을 매일같이 새벽에 일어나 자신의 일을 해낸다는 것, 대단하지요. 밤늦게 퇴근해도 자신의 일을 했을 뿐, 별일 아니라는 듯 늘 온화한 모습으로 자신의 자리를 지킵니다. 마음이 힘든 일이 생겨도 스스로를 다독이며 내일을 준비합니다. 가족에게 늘 친절한 그는 자신의 힘듦을 표현한 적이 없어요.
'한결같음'이란 단어를 보며 제일 먼저 떠오른 남편 덕분에 저는 참 행복합니다.

'나는 한결같은가?'
저에게 질문을 던져 봅니다.

아직은 부족하지만 일상 속에서 여유를 발견하고 배우고 싶어요.
나와 주변을 편안하게 만들어 주는 '한결같음'의 덕목이
여러분에겐 어떤 의미로 다가오나요?
내가 한결같았던 때는 언제였는지,
나에게 한결같은 모습을 보여주는 소중한 인연은 누구인지 떠올려 보세요.

우린 이미 행복한 사람들임을 알 수 있을 거예요.

한 문장 필사 한결같은 사람이 되자.

노
신
희

하나. 당신은 정말 잘하고 있습니다

당신이 지금 가는 길이 옳은 길인지 두려우신가요?
그 길 끝에는 무엇이 있을까요?
당신이 가는 길에
아픔이 반복되었을 때
당신 마음은 어떠했나요?

그럼에도 당신은 또 이겨냈을 겁니다.
그리고 또 다시 나아가고 있습니다.
당신은 그러한 사람입니다.

그 길 끝에 있는 당신이
지금의 당신을 끌어당기고 있습니다.
당신은 정말 잘하고 있습니다.

당신을 믿어보세요.
당신이 하고 싶은 대로 마음껏 해 보세요.
당신을 믿어보세요.
당신은 생각보다 용기 있는 사람입니다.

애쓰고 있는 당신에게 말해주세요.
"넌 지금 정말 잘하고 있어."

정말 잘하고 계십니다.

한 문장 필사 **당신은 정말 잘하고 있습니다.**

노

신

희

둘. 친절은 사랑의 시작입니다

주변에 나를 따뜻하게 해주는 친절한 사람이 있나요?

네가 나의 큰딸이라 참 고맙다.
너는 마음이 착하잖아.
네가 그렇게 마음을 써주니 얼마나 좋은지 모른다.
네 말 덕분에 힘이 나는구나.

엄마의 따스한 말과 부드러운 미소로
저는 친절을 배웁니다.

신혼 때 부부싸움을 하면 처갓집에 갔던 남편.
장모님의 따뜻함 때문이었을 것입니다.

손자 손녀들과 진심을 다해 대화를 하는 엄마는
아이들에게 용기를 선물해 주기도 하시지요.
엄마의 모습을 통해 친절은 특별한 것이 아님을,
상대방과 나에 대한 존중의 표현임을 배웁니다.

나에게 친절을 베풀어 주시는 분을 떠올리면 마음이 어떤가요?
그냥 웃게 되지요.
그냥 감사한 마음이 들지요.

이제는 여러분이 먼저
상대방을 자신처럼 여겨 보세요.
그리고 친절을 베풀어 보세요.
손을 따스하게 잡고 안부를 나누는 것도 좋아요.
미소로 대화해 보는 것도요.
모든 사람이 소중해 집니다.

상대방에게 친절을 베푸는 것,
사랑의 시작입니다.

한 문장 필사 친절, 사랑의 시작입니다.

노
신
희

셋. 공감은 사랑입니다

"나는 당신의 생각에 공감합니다."
참 아름다운 말입니다.

"당신과 나는 다를 수 있습니다."
생각과 말과 행동 모든 것이 달라도 괜찮습니다.
우리는 서로 다를 수 있음에 공감합니다.

당신이 공감 받고 있다고 느낀 적은 언제였나요?
마음이 어땠나요?
그때 마음을 떠올리며
상대방을 사랑의 눈으로 바라봐 주세요.
그의 마음이 보이나요?

당신이 먼저 손을 잡아 보세요.
그리고 함께 나아가 보세요.
당신, 웃고 있네요.
그도 웃고 있네요.
함께 하는 그 순간의 가치를 느끼고 있군요.

다름을 인정하는 순간,
모든 것이 사랑입니다.

당신은 공감하는 리더군요.
당신이 선택한 공감 덕분에
또 한 명의 영혼이 살아나고 있어요.

다른 사람을 공감하고 인정한다는 것,
당신 자신을 가장 먼저 인정하고 사랑하는 일이라는 걸 알게 될 겁니다.

당신의 마음 속 평화가 느껴지나요?
당신은 사랑입니다.

먼저 공감하세요.

한 문장 필사 공감은 사랑이다.

박
보
배

하나. 존경과 감사

내 삶을 빛나게 해 주는 덕목,
'존경' 그리고 '감사'라고 생각해요.

우리의 가장 큰 자원,
사람이죠.
타인을 존경하고 내 삶에 감사하는 마음을 가지는 것,
탁월한 성과를 낼 수 있는 비법이기도 하고요.

인연이 필연이 될 수 있는 경청으로
타인을 향해 존경하는 마음을 표현해 보세요.
그리고
하루를 마무리하는 시간,

감사 일기를 써 보는 건 어떨까요?
내 삶과 사람들을 존경하는 마음으로 말이죠.

우리는
존경하기 위해, 감사하기 위해
이 세상에 태어났습니다.

한 문장 필사 **내 삶을 빛나게 할 수 있는 방법, 존경과 감사입니다.**

박
보
배

둘. 수용하는 태도는 영혼을 깨워준다

원하지 않는 상황이 생길 땐 어떻게 생각하고 행동하시나요?
자신의 삶을 포함해 다른 사람들을 사랑하며 살고 싶은가요?
수용적인 태도를 가져보세요.
그러면 내 마음의 공간이 많이 넓어져 있음을 알게 될 것입니다.

어떻게 하면 수용할 수 있는 힘을 기를 수 있을까요?
3가지만 떠올려 보세요.
그리고 그중 가장 쉬운 방법은 무엇인지 선택해 보세요.

예를 들어 볼게요.
비 올 때 비 맞아보기.
맨발로 걸어보기.

엘리베이터 안에서 만나는 사람에게 먼저 인사하기.

해보면 알아요.
저항보다 수용이 훨씬 행복하다는 것을요.
바다처럼 넓은 마음이 된다는 것을요.
얼마나 멋진 일이에요?

수용,
이 단어 하나에 온 세상을 다 끌어안는 사랑이 들어오네요.

또 하나의 영혼이 깨어나고 있습니다.

한 문장 필사 **수용하는 태도는 우리의 영혼을 깨워준다.**

박

보

배

셋. 헌신

어떤 일에 탁월한 성과를 내고 싶으신가요?
그 일에 어떻게 얼마나 헌신할 것인지 생각해보세요.
헌신은
'그 일에 집중하고 행동하는 몰입된 상태'죠.

몸과 마음의 상태가 헌신하기에 부족한 것 같나요?
따뜻한 차를 끓여보세요.
차가 완성되는 동안, 최고의 상태를 상상해 보세요.
상상은
신이 나 대신 일을 해주는 시간이래요.
헌신의 한 형태이기도 하고요.

최고의 감정 상태를 만들어

헌신을 행동으로 보여 주세요.

"이미 그렇게 잘 되어 있어."라고 스스로에게 말해주는 것도 중요해요.

이미 잘 되고 있는 여러분의 삶,

헌신과 함께 멋지게 만들어 보아요.

한 문장 필사 **탁월한 성과를 얻는 방법, 헌신입니다.**

박
정
애

하나. 여유와 함께 멋지게 살아요

여유로운 마음으로 지내고 싶었지만
늘 바쁘게 살아왔네요.
저는 도움을 구하고 거절하는 게 힘들어요.
그래서 무슨 일이든 스스로 해결하고자 했던 마음이
저를 더 힘들게 했던 것 같아요.

세월이 지나 깨닫게 되었습니다.
지혜롭게 대처할 수 있도록 마음을 재정비했어요.
새로운 도전과 기회가 약간 두렵기도 하지만
내 삶의 여유를 느끼며 한 걸음씩 성장해가고 있답니다.

나를 믿고
나를 사랑하고

나를 칭찬해주고
자신감을 가지고
내 삶을 여행처럼 만들어 가려 합니다.

여러분도 여유를 선택해 보세요.
한 번뿐인 우리 삶, 멋지게 살아보아요.

한 문장 필사 여유를 선택해서 멋지게 살아보자!

박
정
애

둘. 성장하고 있어요

저는 바쁜 일상으로 스스로를 돌보지 못하고 힘든 삶을 살아왔던 것 같아요.

멈추지 않는 수레바퀴처럼 말이죠.

무엇이 그리 바빴던 걸까요?

제 마음과 사람들의 마음에 경청하고 공감해 주지 못했어요.

잘 들어주고 바라만 봐 줘도 충분했는데 말이지요.

그랬구나!

그럴 수도 있겠구나!

그 한마디 마음이면 충분했을 텐데요.

어떤 문제가 생기면 제가 해결해야 된다는 지나친 책임감과

잘 하고 싶은 마음이 앞선 나머지, 조그마한 실수에도 많은 자책을 했던 것이 후회됩니다.

하지만 후회에 그치지 않아요.
이젠 저를 돌아보는 시간을 가지며 저를 진심으로 소중히 여기기 위해 노력하고 있어요.
심호흡을 합니다.
명상을 합니다.
독서를 합니다.
마음 정리가 됩니다.
제가 성장하고 있음을 느낍니다.

지금의 나는
살아온 인생을 칭찬하고
도전하는 나를 격려하고
미래에 대한 꿈을
축복하고 응원합니다.

지난날을 배움과 성장의 동력으로 삼는 것,
우리 함께 해 보아요.
멋진 미래가 기다리고 있어요.

한 문장 필사 여러분, 멋진 미래가 기다리고 있어요.

박
정
애

셋. 관대함

결정을 내려야 하는 순간,
결정 장애가 있는 건지
너무 신중하게 생각해서 그런 건지
잠을 이루지 못할 때가 종종 있었어요.
가보지 못한 길에 대해
'그 길로 가면 어땠을까?' 후회를 하기도 했고요.
무슨 일이든 잘하고 싶은 마음에
스스로를 많이 힘들게 하고
나의 실수에 관대하지 못 할 때도 많았지요.

하지만 이제는
저의 결정에 확신을 가지고 최선을 다하려 노력하고 있어요.

지금은 제 마음을 리셋하고 평화의 기도를 드립니다.
나 스스로를 소중한 마음으로 대하고
관대하게 나를 돌아보고 바라봐주는 시간을 가집니다.

이 세상에서 가장 소중한 나를
관대하게 바라보는 마음, 잊지 말아야 겠어요.
여러분은 스스로를 어떻게 바라보고 계신가요?
스스로를 관대하게 바라볼 수 있는 생각과 행동은 무엇일까요?

스스로를 귀하게 여겨주는 생각과 행동으로
행복한 하루 보내시길 바랍니다.

한 문장 필사 **나는 나에게 관대하다.**

변

혜

영

하나. 감사는 행복을 가르쳐 준다

삶은 신비 그 자체인 것 같아요.
그런데
삶의 신비로움에 감사가 없다면
불행이 가득하지 않을까요?
내 삶을 불행에 가둘 수는 없어요.
감사는 찾으면 찾을수록 많아진답니다.

무엇이 당신을 힘들게 하나요?
무엇이 감사를 잊게 만드나요?
그럴 때에는
들숨날숨으로 천천히 호흡하며
지금 내가 숨 쉴 수 있음에 감사해 보면 어떨까요?

지금 생각해보니
힘들었던 순간도 감사의 씨앗이 되더라고요.
그래서 감사는
사랑이고 희망이고 행복으로 가는 길을 안내해 주지요.

여러분의 신비로운 삶 가운데,
감사를 친구 삼아 보세요.
감사는 우리를 배신하지 않으니까요.

한 문장 필사 **감사는 행복으로 가는 길을 안내해 준다.**

변
혜
영

둘. 공감능력은 삶의 영양제다

그래, 이거야!
너는 분명 부자로 잘 살 거야.
너와 내가 함께 만들어 보는 거야.
너에게는 멋진 재능이 있어.
바로,
공감능력 말이야.

소중한 이가 힘들다고 하면 가만히 안아주고
눈물을 흘릴 때면 가만히 손잡아 주고
기쁘다고 하면 하이파이브 해주는
너의 공감능력!
누군가의 영혼을 춤추게 해.

오늘도 우리네 삶을 공감해 주며

멋지게 살아보자.

한 문장 필사 **공감능력은 삶의 영양제다.**

변

혜

영

셋. 이내 평온해질 수 있는 방법

여러분,
지금 혹시 불행하다고 생각하시나요?
그렇다면 감사한 일들을 써 보세요.
걸을 수 있어 감사합니다.
편안하게 숨 쉴 수 있어 감사합니다.
파란 하늘을 볼 수 있어 감사합니다.

많이 아프고 난 뒤
일상에 감사한 일들이 참 많다는 것을 깨닫게 되었어요.
미움과 분노의 감정 때문에 힘들어지면 감사한 일들을 떠올렸어요.
이내 평온해졌습니다.

내 삶은 내가 선택하는 것이지요.

감사도 내가 선택하는 것이지요.

여러분,

감사의 씨앗을 심어 보세요.

되도록 많이요.

이제 곧,

사랑과 행복의 열매를 수확할 수 있을 거예요.

한 문장 필사 **감사는 사랑이고 행복입니다.**

신
임
선

하나. 도전하는 자만이 꿈을 이룰 수 있다

도전은
생각하는 것이 아니라 행동해야 하는 영역입니다.
하면 됩니다.
행동하다 보면 용기와 자신감도 생길 것입니다.

제 나이, 칠십이 넘었어요.
나이는 숫자에 불과해요.
꿈도 이루고, 풍성하고 건강하게 고귀한 모습으로
나머지 삶을 살게 될 것을 믿어요.

행동함으로써 잠재의식을 활용해서
내 안에 거인을 깨우고 깨달음을 얻어 보세요.

여러분은 더욱 더 성장할 것입니다.

도전하는 자만이 꿈을 이룰 수 있습니다.

도전합시다.

감사합니다.

고맙습니다.

사랑합니다.

한 문장 필사 도전하는 자만이 꿈을 이룰 수 있다.

신
임
선

둘. 건강하다는 것, 참 좋아요

당신은 건강이 무너지면 어떻게 되는지 생각해 본 적 있나요?
아찔! 소름이 돋네요.
건강을 잃는다는 것은 모든 것을 잃어버린다는 뜻입니다.
건강이 최고죠.

마음이 건강해야 몸도 건강할 수 있어요.
지금 이 순간, 당신의 마음에게 말을 건네 보세요.
"내 마음아, 괜찮니?"라고요.

천하를 잃어도 건강은 잃지 맙시다.
건강을 위해 열심히 체력을 다지고 마음의 소리를 들으며
사랑과 즐거움으로 인생을 채워가는 삶을 사시길 바랍니다.

건강할 때 사랑도 있고 행복도 있습니다.
저도 항상 건강을 위해 노력한답니다.
무엇이든 도전할 수 있도록 해 주는 건강, 참 좋아요.

건강이 머무는 곳에 모든 분들의 평안이 깃들길 바랍니다.
축복합니다.

한 문장 필사 건강하다는 것, 참 좋아요.

신
임
선

셋. 끈기는 좋은 벗이다

독서를 위해 필요한 덕목은 무엇일까 생각해 봅니다.
끈기가 필요할 것 같네요.
엉덩이와 의자가 친해져야 겠어요.
그래야 나만의 공간에서 독서에 집중할 수 있어요.

행복은 또 어떤가요?
이루고 싶은 일에 끈기를 가지고 노력하다 보면
행복과 성취를 느낄 수 있어요.
나의 삶을 윤택하게 해 주고 풍요롭게 해 주는 끈기,
참 좋아요.

끈기 있게 무얼 좀 하려고 하면
주위에 방해꾼이 나타나요.

나를 가만히 두지 않고 이것저것 요구하는 것들이 많아요.
자신과의 싸움에서 승리하고 싶어요.

여러분은 끈기에 대해 어떻게 생각하시나요?
끈기를 유지하기 위해 어떤 노력을 하시나요?
끈기와 함께 이루고 싶은 일은 무엇인가요?

우리 함께,
끈기의 덕목을 벗 삼아
오늘보다 더 멋진 내일을 만들어 보아요.

한 문장 필사 **끈기는 좋은 벗이다.**

윤

경

희

하나. 당신의 감사

모든 일상에서
감사함을 느껴보세요.

스스로 숨을 쉬고
스스로 두 발로 걸을 수 있음을,
좋아하는 이들과 담소를 나눌 수 있는 삶을
감사함으로 채워보아요.

감사한 마음은
행복한 하루로 인도해주는 초대장입니다.
감사한 마음은
누군가에게 살아갈 수 있는 가치가 되어줍니다.

감사로 충만한 일상을 살아갈 여러분을 응원합니다.

한 문장 필사 당신의 감사는 누군가에게 살아갈 수 있는 가치가 되어줍니다.

윤
경
희

둘. 정말 아름다운 일

당신은 현재 무엇을 사랑하고 있나요?
사랑하는 순간은 당신의 마음을 풍요롭게 합니다.
사랑하는 마음을 성장시키려면 어떻게 해야 할까요?
먼저, 당신 스스로를 사랑할 수 있어야 해요.

그리고 내가 줄 수 있는 사랑의 마음들을 생각해보세요.
자신을 사랑하고
가족을 사랑하고
친구를 사랑하고
대자연을 사랑하는 거죠.

사랑하는 마음을 가질 수 있다는 것,

정말 아름다운 일이라고 생각해요.
당신이 선택한 사랑, 당신이 표현해 주는 사랑으로
누군가는 새로운 삶을 살아갈 수도 있습니다.

오늘도 여러분의 선택으로 영혼을 살려주시는
사랑하는 날 되세요.

한 문장 필사 **사랑은 누군가에게 새로운 삶을 선물해 준다.**

윤

경

희

셋. 행복의 시작

여러분,

감사를 느껴보고 싶으신가요?

그렇다면,

당연하다고 생각되는 소소한 일들을 떠올려 보세요.

그리고 노트에 기록해 보세요.

아침에 눈을 뜨는 것,

물 한 잔 마실 수 있는 것,

걸을 수 있는 것,

미소 지을 수 있는 것,

가족이 있는 것.

이 모든 것이 감사 리스트지요.

감사를 선택하고 감사를 기록하면
감사할 목록들이 나날이 많아질 거예요.

감사를 느끼기 힘들다고요?
"작은 일에도 감사함을 느끼는 나는 행복한 사람이야."라고
스스로를 격려하는 말을 지속적으로 해주세요.

감사는 의지입니다.
감사는 모든 것에 깃들어 있습니다.
감사는 당신의 것입니다.

한 문장 필사 **행복의 시작, 감사입니다.**

윤
근
영

하나. 반드시 이루어진다

내가 결정을 내리는 순간,
내 운명도 형태를 갖게 됩니다.
그렇습니다.
인생이나 운명은 조건, 상황이 아니라
나의 결심이 결정합니다.

어떤 일을 하기로 마음먹었으면
의심하지 말고 도전해 보세요.
'될 때까지 하라.', '하면 된다.'라는 말을 믿어 보세요.
앞이 캄캄해 미래가 보이지 않을지라도
무서워서 돌아가고 싶을지라도
걱정이 태산이라 할지라도
일단 앞으로 한 발짝만 내딛어보세요.

독서, 글쓰기, 산책, 공부 등
여러분만의 루틴을 통해 하나하나 헤쳐 나가 보아요.
지금이 기회입니다.

매일 자기 전,
성공한 내 모습을 생생하게 상상해 보세요.
여러분이 원하는 바는
반드시 이루어집니다.

한 문장 필사 **내가 원하는 것은 반드시 이루어진다.**

윤
근
영

둘. 나의 결정을 믿자

결정도 많이 해본 사람이 잘하는 법입니다.
근육을 자주 쓸수록 몸이 단단해지는 것처럼
결정 근육 역시
많이 쓸수록 더 단단해집니다.

오늘 하루를 마무리하면서 생각해 보세요.
오늘 나는 어떤 결정을 했는가?
더 나은 미래를 위해 수정할 것은 없는가?
그리고 내일을 설렘으로 맞이해 주세요.

아쉬운 결정이었든,
성공적인 결정이었든,

모두 여러분을 성장시켜 주는 과정입니다.

여러분의 결정을 믿어 주세요.
그리고 앞으로 나아가세요.
더 멋진 결정이 기다리고 있습니다.

한 문장 필사 나의 결정을 믿자.

윤
근
영

셋. 질문과 확신

'내가 감사해야 할 것은 무엇인가?'
'지금 내 삶은 얼마나 멋진가?'
이러한 질문들은 내가 원하는 미래로 데려다 줍니다.
내 삶을 기뻐하면서
주변 사람들에게 더 헌신할 수 있도록 도와주기도 하지요.

지금 여러분에게 해 보고 싶은 질문 한 가지를 써 보세요.
그리고 여러분의 이름을 넣어 저처럼 외쳐 주세요.

나 윤근영은,
우리 가족의 CEO가 될 수 있다.
이미 그렇게 잘 되어 있다.

나 윤근영은,
우리 가족의 건강을 잘 챙길 수 있다.
이미 그렇게 잘 되어 있다.

나 윤근영은,
클레오 바디&스칼프를 잘 운영할 수 있다.
(여러분의 사업체명을 넣어 보세요)
이미 그렇게 잘 되어 있다.

나 윤근영은,
PA가 될 수 있다.
(달성하고 싶은 직급, 위치를 넣어 보세요)
이미 그렇게 잘 되어 있다.

나 윤근영은,
주변 사람들에게 좋은 영향력을 줄 수 있다.
이미 그렇게 잘 되어 있다.

질문과 확신으로 여러분의 미래는
이미 현실이 되어가고 있습니다.

한 문장 필사 질문과 확신은 내가 원하는 미래를 만들어 준다.

이
선
정

하나. 스스로를 잘 알게 된다면

"할 수 있어!"
우리, 용기 내어 보아요.
고민하지 말고 두려워하지 말고
나의 진심을 전해 보는 거예요.

용기 내어 내 마음을 전달했을 때 무엇을 배웠나요?

용기 내어 나의 생각을 말하기 위해서는
다른 사람의 기준이 아닌
나만의 기준을 가질 수 있는 힘이 필요해요.
내가 좋아하는 것은 무엇인지,
내가 잘하는 것은 무엇인지,
내가 원하는 것은 무엇인지,

스스로를 잘 알게 된다면
용기내기가 쉬워질 거예요.
내가 잘하는 것은 무엇인지 한 가지만 지금 적어볼까요?

나를 알아가는 일에 시간을 투자하세요.
나를 찾기 위해 노력해보세요.

용기 내어 자신의 생각을 말하고 있는 당신을 떠올리며
저는 미소를 짓고 있답니다.
사랑합니다.
축복합니다.

한 문장 필사 **나를 알아가며 나를 표현하자.**

이
선
정

둘. 삶을 풍요롭게 하는 경청

여러분은 경청을 잘 하는 편인가요?
삶에서 얼마나 경청을 하고 있는지 인식해 보세요.
경청하는 자세는 상대를 이해하는데 많은 도움을 줍니다.

내가 할 수 있는 경청의 방법 3가지를 써 보세요.
제가 생각하는 경청의 방법을 소개해 볼게요.
대화를 할 때에는 상대방의 눈을 바라보기.
상대방이 충분히 이야기할 수 있도록
침묵과 공감의 언어로 들어주기.
바른 자세로 대화하기.
여러분이 써 주신 경청의 방법 중,
가장 편안하게 할 수 있는 방법에 동그라미로 표해보세요.

스스로 경청하는 삶을 선택한다는 것,
정말 멋진 일이지 않나요?
경청이 습관이 되어
더 풍성한 삶과 인간관계를 만들어 가시길 바랍니다.
여러분은 할 수 있습니다.

한 문장 필사 경청은 삶을 풍요롭게 한다.

이

선

정

셋. 처음 마음

당신은 한결같은 사람인가요?
한결같은 마음으로 살아가기란 쉬운 일이 아니죠.
하루에도 몇 번씩 요동치는 내 마음입니다.
고난이 닥치면 낙심하거나 원망하고
성공하면 교만한 마음이 생깁니다.

한결같다는 것은 무엇일까요?
언제나 같은 마음.
꾸준한 마음.
변질되지 않는 마음.
이러한 마음을 가지고 있는 사람을 보고 우리는 한결같다고 말할 수 있지요.

사람은 누구나 환경에 따라 시시각각 변합니다.
인간은 단 한순간도 흔들리지 않을 수 없는 존재라는 것을 인정하지만, 상황에 따라 변하지 않고 신뢰감이 느껴지는 사람이 되어야 한다고 생각해요.

한결같은 마음과 멀어지게 되는 생각과 감정이 떠오를 때마다
처음 마음을 되뇌어 보는 건 어떨까요?

'나는 왜 한결같지 못할까?'라는 생각보다
'나는 한결같은 신뢰감을 주는 사람이야.'라는 생각으로 나와 사람들을 대하는 거죠.
오늘부터 우리, 더 노력해 보아요.

여러분은 이미 한결같은 사람입니다.

한 문장 필사 **나는 한결같은 사람이다.**

습관은 최고의 하인이거나
최악의 주인이거나,
둘 중 하나다.

- 나다니엘 에먼스 -

이

세

미

하나. 성장을 기대하자

'나는 매일매일 성장하고 있어.
성장하기 위해 많은 깨달음이 있었어.
실수해도 괜찮아!
나는 오늘 또 성장해 나아갈 테니까.'
제가 많이 했던 생각입니다.
여러분은 성장하기 위해 어떤 고통을 경험하셨는지 궁금해요.
그리고 얼마나 성장하셨는지 그 이야기도 듣고 싶어요.
더 성장할 우리를 기대하며 한 자 한 자 적어 내려갑니다.

우리,
두려움에서 벗어나 새로운 도전을 받아들이기로 약속해요.
그리고 자신을 믿어주세요.

태양처럼 빛나고 강해질 자신을 말이죠.
그리고 성장한 나에게 외쳐주세요.

"잘했어! 난 해낼 줄 알았어!"

물방울이 바위를 뚫을 수 있는 이유,
꾸준함입니다.
꾸준한 성장으로 내 앞길을 가로막는 거대한 바위도 뚫어버릴
당신을 응원합니다.

이미 우리는
성장하고 있는 중입니다.

한 문장 필사 성장을 기대하자.

이

세

미

둘. 건강을 선택하자

저는 소중한 것을 잃어버렸던 적이 있어요.
'암'이라는 한 단어가 삶을 공포와 절망 속으로 내몰았습니다.
왜 하필 나에게 이런 일이 생기는 걸까, 원망스러웠어요.
건강을 소홀히 하고 소중한 나를 지키지 못한 죄 값일까, 자책도 했고요.
천하를 얻어도 건강을 잃으면 모든 것을 잃는다는 말을 실감했습니다.
희망찬 미래마저 무의미해졌어요.

암과의 사투를 벌이면서 건강의 소중함을 다시 깨달았습니다.
내 삶과 건강을 지켜내기 위해서는
나 자신을 먼저 아끼고 사랑할 수 있는 마음이 있어야 하는 것도 말이지요.

좋은 습관, 건강한 음식, 긍정적인 생각을 통해
내 건강을 지키는 것은
내가 사랑하는 가족, 나를 사랑하는 모든 이에게
최고의 선물이 될 것입니다.

건강을 잃는다면 나의 미래는 어떻게 될 것인지 상상해 보세요.
정말 슬프고 괴로울 거예요.
그리고 건강한 지금이 얼마나 행운인지,
새롭게 태어난 기분을 느끼게 될 겁니다.
감사하지 않은 게 없고 세상이 얼마나 아름다운지 느낄 수 있어요.

이제 저는 진짜 행복과 진짜 긍정을 알게 되었습니다.
건강 전도사로써 하루하루 감사하며 새롭게 살아가고 있습니다.

매일매일 기대되는 삶, 축복받은 삶을
우리 함께 살아보아요.
더욱 건강하게 살기 위해 오늘 할 수 있는 일은 무엇일까요?
여러분!
건강할 수 있는 기회를 미루지 않기로 해요.
건강을 선택하실 여러분을 응원합니다.

한 문장 필사 건강을 선택해서 축복받은 삶을 살자.

이

세

미

셋. 사람을 감동시켜 주는 힘

"당신은 한결같은 사람입니다."
제가 가장 좋아하는 칭찬입니다.
어렵고 힘들었던 삶을 인내하며 얻어낸 최고의 말인 것 같아요.

한결같음을 지키기 위해
초심을 잃지 않으려 부단히 노력했어요.
여러분도 여러분의 다짐을 포기하고 싶을 때가 있을 거예요.
심호흡을 천천히 하며
당신에게 꿈과 힘을 줄 수 있는 상황과 사람을 떠올려 보세요.

'나는 끈기가 부족해.'라는 생각보다
'한결같은 마음으로 소중한 것들을 잘 지켜온 나는, 또 다시 해낼 수 있어!'라는 다짐을 선택해 주세요.

변함없이,

묵묵히,

사랑의 마음으로,

이미 누군가의 한결같음이 되어주고 있는 당신을 응원합니다.

한결같음은 우리의 행복이 되어줄 것입니다.

한 문장 필사 **한결같음은 사람을 감동시킵니다.**

이
숙
희

하나. 실천의 힘 루틴의 힘

나를 성장시켜주는 행동을 반복해서 실천하면서
습관으로 만드는 노력은 중요합니다.
행동하지 않으면 아무 일도 일어나지 않으니까요.

여러분은 어떤 노력과 실천을 하고 계시나요?
저의 하루는 새벽 5시에 시작됩니다.
먼저 음양탕을 마시고 감사일기를 쓴 후 필사를 하지요.
새벽 독서모임(624 독서모임)이 끝나면 바로 뉴 비트(실내자전거)를 탑니다.
나의 몸만들기 1시간 후 마음을 다질 수 있는 강의를 듣습니다.
어느새 10시입니다.
새벽 5시부터 오전 10시까지는 오롯이 저만의 시간입니다.

그리고 외출을 해요.

저의 하루는 풍요롭고 행복하게 시작됩니다.

저의 루틴, 참 좋습니다.

여러분도 지금 당장 할 수 있는 한 가지 액션을 정해봅시다.

풍요로운 아침을 맞이하기 위해 일찍 잠자리에 드는 건 어떨까요?

다른 액션이 필요 없어요.

그냥 누워보는 겁니다.

이제,

스스로에게 말해 주세요.

그래, 넌 잘하고 있어. 충분히!

할 수 있다고 생각하고 한 번만 해 보는 거야.

하다 보면 그것이 내 것이 되더라.

언제나 널 응원해!

여러분은 행동의 대가입니다.

한 문장 필사 나의 하루를 풍요롭고 행복하게 만들 수 있는 방법, '루틴을 만들 수 있는 실천'입니다.

이

숙

희

둘. 즐거움은 삶을 풍요롭게 해준다

즐거움 : 인간의 감정 상태 중 재미와 만족을 느끼는 상태.

여러분,
오늘 하루 즐거우셨나요?
우리,
가만히 생각해 보아요.
'내일은 또 무슨 일로 즐겁게 지낼까?'
가슴이 두근거리지 않나요?
내일이 기대되는 삶,
참 좋지요?

'나는 지금 즐거운가?'

먼저 나에게 물어봐 줘야 해요.
그리고 즐거움을 찾는 방법들을 생각해 보세요.
소소한 일상에서 말이죠.
독서도 좋고
내가 좋아하는 음악을 들어도 좋고요.
맛난 음식을 먹으면 기분 전환도 되더라고요.
힘들 땐 하하하! 크게 한번 웃어보세요.
좋은 일이 생길 것 같아요.

즐겁게 산다는 것,
풍요로운 삶이 아닌가요?
풍요, 별거 있나요?
내 마음이 즐거우면 되는 거지요.

당신이 선택한 즐거움 덕분에
하루하루가 축복이 되는 날이 되길 바라요.

한 문장 필사 즐거움은 삶을 풍요롭게 해준다.

이
숙
희

셋. 지금 이 순간이 감사입니다

'감사'라는 단어를 보면
저는 그냥 미소가 지어져요.
그리고 이런 생각이 든답니다.
모든 사람과 사물들에 감사를 전할 수 있는 건 마음의 여유 덕분이라고요.

나를 있는 그대로 바라보고 부정적인 마음을 다스리면
마음이 자유로워지고 가벼워져요.
마음의 여유가 생겨 감사를 전할 수 있는 방법이라는 거죠.

아침엔 눈을 뜰 수 있음에 감사해 보세요.
저녁엔 오늘 하루 감사한 사람 3명을 떠올려 보세요.

그리고 잠들기 전엔 오늘도 잘 지낸 나에게 감사를 보내며 토닥여 주세요.
뭉클하지 않나요?
감사한 하루가 매일 반복된다면 변화하고 성장한 나를 발견할 수 있어요.

'나는 왜 부정적일까?'라는 생각보다는
'나는 매사에 감사함을 느낄 수 있는 행복한 사람이야.'라고 생각을 바꾸는 건 어때요?

감사합니다.
감사합니다.
감사합니다.
이제 우리 "감사합니다!"라고 외쳐 보아요.

지금 이 순간이 감사입니다.
오늘 하루도 감사합니다.

한 문장 필사 **지금 이 순간이 감사입니다.**

이
정
금

하나. 기적을 만들어 내는 힘

누구나 꿈꾸는 미래가 있지요.
내가 원하는 미래를 만들기 위해서는
올바른 선택이 필요해요.
그러므로
도전을 피하는 실수를 반복하지 말아야겠습니다.

도전을 포기했을 때 어떤 기분이었나요?
도전을 하고 난 후 무엇을 이루었나요?
질문에 꼭 답을 해 보시면 좋겠어요.

건강하고 행복한 나의 미래를 위해
지금 당장 할 수 있는 일 한 가지는 무엇일까요?

당신이 선택한 한 가지를 꼭 실천해 보세요.

당신의 도전은
반드시 기적을 만들어냅니다!

한 문장 필사 도전은 기적을 만들어낸다.

이
정
금

둘. 아름다운 활력

살아 움직이는 힘.
'활력'의 뜻입니다.
당신은 활력 있는 삶을 살고 계시나요?
활력 있는 삶은 아름다운 인생으로 연결됩니다.

활력 있는 삶을 살기 위해 어떤 방법을 선택하면 좋을까요?
먼저, 목표를 세우세요.
그리고 그 목표를 함께 이루어 갈 사람들과 공유해 주세요.
'멀리 가려면 함께 가라.'는 명언처럼
내 삶이 살아 움직이는 힘, 즉 활력을 가지기 위해서는
공유할 수 있는 목표와 사람들이 있어야 되는 거죠.

여러분의 목표는 무엇인가요?
여러분의 목표를 함께 이루어 갈 수 있는 사람들은 누구인가요?
생각만 해도 활력이 생기실 거예요.

한번뿐인 나의 인생,
멋있고 아름답게 꾸며 보아요.

당신이 선택한 활력 덕분에
많은 분이 아름다운 인생으로 들어서게 되었습니다!
두 팔 벌려 환영해 주세요!

한 문장 필사 활력은 인생을 아름답게 만들어 준다.

이 정 금

셋. 현명한 사람

연연하기 싫어서 초연하게.

책 제목입니다.
현실에 아랑곳하지 않는 의젓한 사람,
보통 수준보다 훨씬 뛰어난 사람,
여러분은 초연한 사람이 되고 싶으신가요?

초연하고 싶다면
우선 초연과 어울리지 않은 내 생각과 감정을 써보세요.
'나는 부정과 두려움의 감정에 휩쓸리는 사람이야.'
'나는 재능이 부족해.'
이렇게, 초연의 뜻과 반대되는 말을 써 보면 되겠죠?

초연과 멀어지게 되는 생각과 감정이 떠오를 때마다
'이건 내가 아니야. 멈춰!'라고 속으로 외쳐 보세요.

위 내용을 다시금 반대되게 써 볼까요?
그리고 속으로 외쳐 보세요.
'나는 긍정과 설렘의 감정이 가득한 사람이야.'
'나는 나를 과소평가하고 있어. 내면에 숨겨져 있는 재능이 많은 사람이야.'

'나는 왜 초연하지 않은 걸까?'라는 생각보다
'나는 초연을 선택할 수 있는 현명한 사람이야.'라고 의지를 다지는 거죠.

우리는 초연한 사람이 될 수 있습니다.
이 글을 읽으셨으니까요.

한 문장 필사 **나는 초연을 선택할 수 있는 현명한 사람이다.**

이
정
숙

하나. 경험자산

원치 않는 사건이 일어난 것에 대해 고민하기보다,
그 일을 통해 어떤 경험자산이 축적될 것인지 기대해 보세요.
사건과 문제는 깨달음을 선물해 줍니다.
상황을 바라보는 시선을 달리 해서,
모든 것에서 깨달음을 얻을 수 있다고 생각하니
어떤 감정이 드나요?
조금 더 편안한 몸과 마음의 상태가 되었나요?

살아오면서 생겼던 사건들,
앞으로 살아가면서 생길 문제들과 깨달음을 기록해 보세요.
여러분의 고민과 희로애락 감정들로
책 한 권 만들어 보아요.

인생 선배로써 후배들의 삶에 빛이 될 수 있습니다.

3권의 개인저서,

10권의 공저를 출간한 선배의 말을 믿어 보세요.

한 문장 필사 **경험자산을 기록해서 인생 후배들에게 선물해 줍시다.**

이

정

숙

둘. 건강티켓

활력 있는 삶을 원하시나요?
예스라고 답하셨다면,
매일 먹는 음식, 자주 먹는 음식이 무엇인지 의식해야 합니다.

건강하고 활기찬 가정을 위한 식사 문화는 무엇일까요?
여러분만의 식사 원칙을 만들어 보면 어떨까요?

식사의 70%는 야채와 과일로 차린다는 원칙,
저녁 8시 이후는 아무 것도 먹지 않는다는 원칙,
하루에 물을 하나. 5리터 마신다는 원칙 등
건강한 식사원칙은 나 자신과 가족에 대한 사랑입니다.

매일 먹는 음식이 나의 건강을 좌우합니다.
매일 먹는 음식이 우리 가족의 건강을 좌우합니다.
매일 먹는 음식이 대한민국의 건강을 좌우합니다.
건강한 식사 문화와 원칙을 인식하고 실행한다면
건강한 몸과 마음으로 살 수 있지요.

오늘 당장 야채와 과일을 구입해 보시는 건 어떨까요?

한 문장 필사 좋은 음식과 올바른 식사는 건강티켓입니다.

이
정
숙

셋. 화합은 풍요로움입니다

여러분,
화합을 원하시나요?

그렇다면 먼저,
화합과 잘 어울리는 생각과 감정을 적어 보세요.
화합하고 싶은 사람들의 이름도 적어 보세요.
혼자서 힘들게 일하지 않고 소중한 사람들과 함께 과정을 즐기면서 훌륭한 결과를 만들 수 있을 것입니다.

혼자 빨리 가고 싶은 유혹을 멀리 하고
'같이 가치의 힘'을 믿고 화합하고 협업하는 것은 참 멋진 일이랍니다.

화합은
시간, 과정, 결과를 풍요롭게 합니다.
협업을 통해 넓고 깊게 만나는 사람들과의 관계 속에서
더 큰 세계를 경험하게 되는 거지요.

화합은
풍요로움입니다.
화합을 선택하고 실천하는 우리의 미래가 기대됩니다.

한 문장 필사 화합은 풍요로움입니다.

이
정
안

하나. 행복 루틴

여러분은
행복을 잡을 수 있는
꾸준한 실천을 해 본 경험이 있으신지요?

백 일,
천 일,
삼천 일.
어른 그리고 아이들과 함께하는 맨발걷기는
저에게 행복 루틴입니다.

진리는 단순하지요.
그리고 실력은 꾸준함에서 나오고요.

맨발걷기는 건강에 좋다는 단순한 진리를 선택했고,
꾸준함에서 행복을 만들 수 있는 실력을 쟁취했지요.
단순한 진리와 꾸준함으로
늘 위대한 순간을 만들고 있습니다.

여러분을 행복하게 만들어 주는 생활 속 루틴은 무엇인가요?

지금이라도 당장 실천할 수 있는 작은 행동 한 가지를 정해 보세요.

우리 모두 행복할 수 있습니다.
더 행복해질 여러분을 응원합니다.

감사합니다.
행복합니다.
사랑합니다.

한 문장 필사 **행복을 만들 수 있는 것도 실력이다.**

이

정

안

둘. 찬란하게 성장하리라

당신은 인생에서
설레는 마음으로
아침을 맞이한 날이 있는지요?

저는 교직 생활 40년 동안 많이 설렜습니다.
그리고 지금의 인생 2막 생활도 제 마음을 설레게 해 주고요.

힘든 일이 있을 때에는
모소대나무를 생각했어요.
'나는 죽은 씨앗이 아니다! 모소대나무처럼 1년만 버티자!'
당찬 결의와 함께 이겨내었지요.

모소대나무는 희귀대나무입니다.
씨를 뿌려 놓으면 4년의 시간이 지나는 동안
겨우 1센티미터만 자라거든요.
그런데 5년째가 되면
매일 30센티미터씩 자라서 6주 만에 크고 튼튼한 나무가 된답니다.

교직생활 40년을 모소대나무처럼 잘 마무리한 것 같아요.
그래서 가장 명예로운 황조근정훈장도 받았습니다.
뿌듯했어요.

지금은 제 2의 인생을 즐겁게 살고 있어요.
1년 된 모소대나무처럼요.
기본에 충실하면서 즐겁게 살고 있기 때문에
5년 된 모소대나무처럼 이제 곧,
찬란하게 성장하리라 믿어요.

여러분도 새로운 일을 도전할 때
모소대나무를 떠올려 보시는 건 어떨까요?
최소 1년, 최대 4년은 집중하자는 각오로 말이죠.

여러분의 삶은

지금보다 더 크고 튼튼하게 성장해 있을 겁니다.

여러분의 미래를

믿습니다.

한 문장 필사 **새로운 일에 도전하는 나는, 모소대나무다.**

이
정
안

셋. 100일 동행

사람들의 마음을 움직이고 싶다면
어떻게 해야 할까요?

100일 동행!
어떠신가요?
의미 있는 일을
함께 시작하고 공유하고 서로 이야기 나누는 것이
자연스러워진답니다.

저의 '100일 동행' 성공사례를 보면
1일의 실천 의지만 있다면 가능한 일이더라고요.
동료 선생님들과 나누었던 100일 상장,
동창들과 함께한 100일 필사도 성공했지요.

우리 함께 시작해요!

1일

2일

3일

.

.

.

10일

.

.

.

100일!

이내 도착한답니다.

하루 시간 중,
언제라도 자기 형편대로
실천만 하면 되지요.

100일 동행을 하면
행복합니다.

감사합니다.

사랑합니다.

라고 서로에게 말하게 돼요.

그리고

서로 칭찬하게 된답니다.

꿈을 실천하는

100일 동행,

함께 시작해 봐요!

이정안

한 문장 필사 동행은 서로를 이어주는 튼튼한 끈이다.

이
진
결

하나. 나답게 밝게

아주 조금씩이라도 괜찮아.
매일매일 좋은 습관을 행동으로 옮기는 거야.
남들보다 조금 늦어도 괜찮아.
꾸준함을 잃지 않는 것이 중요하니까.

지금 잘 하고 있어.
앞으로도 잘 할 수 있어!
조금 힘들 수도 있지만 힘들어야 내 것이 되지 않을까?
넌 목표와 꿈이 있으니까.

꿈을 이루기 위해
유연함과 긍정적인 마음을 가지는 건 어떨까?

무섭고 두려운 생각은 이제 그만하자.
나답게, 밝게,
자신감을 가져보자.

그래, 넌 이대로 충분히 멋져.
괜찮아.
앞으로 다 잘 될 거야.
아무 걱정 하지 말고,
너의 꿈을 향해 앞으로 나아가자!

아자! 아자! 널 응원해.

한 문장 필사 **나답게 밝게 자신감을 가지자.**

이
진
결

둘. 우리 모두의 행복을 위한 선택

당신은 건강을 위해 무엇을 실천하고 계신가요?
건강한 삶을 산다는 것은
인생에서 가장 중요한 일입니다.

건강한 삶을 살기 위해서는,
자신과 가족 크게는 인류를 사랑할 수 있어야 해요.
그리고 이루고 싶은 목표를 널리 알려야 해요.
사랑과 목표를 현실로 만들 수 있는 확실한 방법은
건강한 삶을 사는 것이지요.
그렇다면 건강한 삶을 위해서 내가 할 수 있는 일은 무엇일까요?
제가 생각한 방법 5가지를 소개해 드릴게요.

일찍 자고 일찍 일어나기.

술은 일주일에 한 번만 마시기.

스트레스를 건전하게 풀 수 있는 방법 찾기.

긍정적인 마인드 갖기.

행복한 미래 생각하기. (건강해지고 예뻐지는 상상하기)

우리 모두의 행복을 위해 건강을 지키는 것.

와우!

정말 멋진 일 아닌가요?

건강한 삶을 위해 지금 당장 실천할 수 있는 일 한 가지를 떠올려 보세요.

그리고 행동해 보세요.

당신이 선택한 건강한 삶을 통해

사랑하는 사람들이 행복해질 것입니다.

오늘도 건강하시길 바랍니다.

한 문장 필사 **오늘도 건강하자.**

이
진
결

셋. 끈기는 재능보다 힘이 세다

목표 달성을 위해 필요한 태도는 무엇일까요?
저는 '끈기'를 추천 드립니다.
목표 달성을 위해 시도한 일이 힘들어지고
소원해진 인간관계를 느끼게 되면서 허탈할 수도 있어요.
그렇다고 소중한 나의 꿈을 포기하실 건가요?
이때 끈기가 필요해요.

끈기는 재능보다 힘이 세지요.
아무리 타고난 재능이 있더라도
포기하지 않고 끈기 있게 끝까지 도전하는 사람을 이길 수는 없겠죠?
목표 달성을 위해 몰두하고 최선을 다해야 해요.
끈기와 함께 말이지요.

여러분이 끈기를 발휘했던 경험을 떠올려 보세요.
어떤 감정을 느꼈나요?
어떤 생각을 하셨나요?
다시 한 번 더 끈기를 선택해서
나의 목표를 이루어 가는 멋진 날들을 만들어 보세요.

이 글이 신호탄이 되길 바랍니다.

한 문장 필사 **끈기는 재능보다 힘이 세다.**

장
라
희

하나. 마법의 주문

저는 새벽에 일어나 떡을 만드는 일을 하고 있어요.
이른 새벽, 달과 별이 떠 있는 하늘 한 번 보고
공기 한 번 크게 들이마시는 게 첫 일과입니다.
정신을 맑게 해 주는 것 같아요.
이 일을 시작할 때부터 지금까지 루틴처럼 실천하고 있습니다.
추운 겨울의 공기도 더운 여름의 공기도 저의 벗이 되어 줍니다.

저를 믿어주시고 떡을 주문해주는 전국의 고객들 덕분에 행복합니다.
고물 한 켜에 고객의 건강을 바라고,
쌀 한 켜에 행복과 행운이 가득하길 바라며 떡을 만들고 있지요.
마법의 주문 같은 거죠.

여러분의 새벽은 안녕한가요?
여러분의 하늘도 안녕한가요?
여러분과 함께해주는 소중한 사람들도 안녕한가요?

나의 모든 일상에 마음을 열어 보세요.
그리고 인사를 나누고 좋은 일이 일어나기를 빌어주세요.
감사하는 마음이 쌓이고 쌓여
결국 나를 성장시켜 주는 마법이 됩니다.

더욱 더 아름다운 삶이 만들어지고 있네요.
우리 함께
감사의 주문,
마법의 주문을 걸어볼까요?

한 문장 필사 감사는 우리를 성장시켜 주는 주문이다.

장
라
희

둘. 경청은 사랑이다

여러분은 사랑하는 사람의 이야기를 얼마나 경청하고 있나요?

저는 하루 종일 남편과 같이 일하고 있어요.
저희 남편은 정말 멋진 사람입니다.
늘 저의 말에 귀 기울여주고 제가 필요로 하는 것이 무엇인지,
제가 무얼 하고 싶어 하는지 금방 알아내서 처리해 준답니다.
하지만 저희도 부부싸움을 합니다.
대화가 언쟁이 되던 어느 날, 남편이 잠시 말을 않하더라고요.
그리곤 저에게 처음으로 크게 화를 내면서 밖으로 나갔어요.
그 순간, 제가 잘못했다는 걸 깨달았어요.
“손님들, 사업 관계자들 말에는 그렇게 경청을 잘해주면서 왜 내 말은 경청을 안 해 주는 거야? 당신과 가장 오래 시간을 보내는 사람은 나인데, 어떤 때는 눈도 안 마주치고 말하잖아.” 남편의 말

에 너무나 미안해졌어요.
늘 바쁘다는 핑계로 남편에게 제대로 된 밥상 한 번 챙겨준 적 없었어요.
밥을 먹고 나서도 마누라 힘들다고 설거지도 남편이 늘 했고요.
반찬이다, 제사 음식이다, 누가 요즘 집에서 만드냐고 하면서
친지들 앞에서도 제 편을 들어줍니다.
유산 후 더 이상 아기를 가지기 힘들다는 말을 들었을 때에는
우리만 행복하면 된다며, 끝까지 제 옆을 지켜준 사람입니다.
이렇게 소중한 사람이 제 옆에서 경청해달라고 온 몸과 마음으로 말하고 있었는데 저는 뭘 하고 있었던 걸까요?

여러분,
하던 일을 잠시 멈추어 주세요.
그리고 가장 소중한 사람을 떠올려 보세요.
그 사람에게 오늘 내가 어떤 마음과 표정으로 경청할지 상상해 보세요.
오늘은 꼭 경청을 표현해 주셨으면 좋겠어요.

저는 오늘
경청은 사랑의 또 다른 이름임을,
남편에게 미안한 마음과 함께 되새겨 봅니다.

한 문장 필사 경청은 사랑의 또 다른 이름이다.

장
라
희

셋. 책임감은 행복을 가져다준다

당신은 누군가를 영원히 행복하게 해 주고 싶어서 힘든 결정을 내려 본 적이 있나요?
그동안 쌓아왔던 나의 모든 것을 내려놓고 한 사람만을 위해 헌신을 하기 위한 준비를 해 보신 적 있나요?

저는 그런 적이 있어요. 그리고 후회하지 않아요.
지독한 고통이라고 생각할 겨를도 없었습니다.
그저 책임감으로 또다시 시작하고 끈기 있게 도전해봤습니다.
힘든 일도 많았지만 좌절하지 않고 그 사람의 행복을 위해 연구하는 데 집중했어요.

저를 존재 자체로 귀하게 대해주는 사람이 없을 때,
따뜻한 말 한 마디로 얼어붙은 제 마음을 녹여주던 사람.

저를 사람으로 만들어 주었던 사람에게 42년 동안 주었던 것은 물 한 잔이더군요.
미안함과 고마움을 보상으로 주기 위해서라도
기쁜 마음으로 책임감을 지니고 있어요.

'이 사람과 남은 평생을 같이 할 수 있을까?'
결정을 내려야 하던 날, 모든 걸 포기해야 했던 어느 날, 이도저도 못하는 막막하던 날, 추운 겨울 새벽공기가 세상을 가득 채웠던 날, 얇은 옷 하나 걸치고 신호등 앞 벤치에 앉아 신호등이 수백 번 바뀔 동안 생각했어요.
어느 순간 뇌에 빛이 들어오고 숨이 가빠졌습니다.
그리고 그동안 잘했고 앞으로도 잘 할 수 있다는 마음이 생겼어요.
저의 옳은 판단은 현재 저의 남편과 저의 행복을 만들어냈어요.

모든 선택의 결과가 행복으로 이어질 수는 없지만 끊임없이 노력해 보세요.
그리고 책임감 있게 도전해보세요.
내가 생각지도 못하던 시점에, 더 큰 행복을 만나게 될 거예요.
여러분의 판단을 믿으세요.
책임감을 잃지 마세요.

고통은 지나갑니다.

행복은 늘 있어요.

한 문장 필사 책임감은 행복을 가져다준다.

장
윤
진

하나. 마음에 공간을 두고

'유연함'이라는 단어는
저와는 어울리지 않다고 생각했어요.
이제는 유연함이 참 좋습니다.

몸에도 힘과 유연함이 적절히 균형 잡혀 있어야 하듯,
마음도 그러해야 겠지요.
더 좋은 결과와 성장을 위해서는 힘만 있어선 안 됩니다.
유연함도 함께 길러야 해요.

유연함과 비슷한 단어로는
'통찰'을 들 수 있겠네요.
예리한 관찰력으로 사물을 꿰뚫어 보고
다양한 관점에서 생각할 수 있는 통찰은

유연함이 있어야 가능하니까요.

유연함을 기르기 위해 무엇을 하면 좋을까요?
마음에 공간을 두고
나 혼자만의 시간을 가져보는 것을 추천 드려요.
나를 관찰하고 나를 생각하는 행위가 우선시되어야
나와 타인에게 유연해질 수 있습니다.

오늘, 조용한 커피숍을 찾아가 1시간 정도 가만히 앉아 있어 보는 건 어떨까요?
30분 산책을 하는 건요?
가만히 누워 있는 건요?

나 혼자만의 시간 속에서 멋지게 성장할
여러분의 유연함을 응원합니다.
그리고 여러분의 유연함으로 함께 성장할
소중한 분들의 미래도 응원합니다.

한 문장 필사 나 혼자만의 시간으로 유연함을 기르자.

장
윤
진

둘. 진정한 자유

저는 완전한 자유를 원합니다.

제가 생각하는 자유란

첫 번째, 완전한 경제적 독립을 이루어야 합니다.

내가 원하는 것을 선택할 수 있는 폭을 넓히는 방법이지요.

두 번째, 시간의 자유인이 되는 것입니다.

남의 일이 아닌 진정으로 내가 원하는 나의 일을 할 수 있어야 하지요.

세 번째, 정신적으로 홀로서기입니다.

홀로서기를 하려면 다양한 경험을 통해 수용의 폭이 넓어져야 한다고 생각해요.

나만의 경험 자산을 쌓는다는 건,

누군가를 도와줄 수 있는 여유와 자신감을 만드는 좋은 방법이기도 합니다.

여러분이 원하는 자유의 모습을 그려 보세요.
그리고 자유를 얻을 수 있도록 오늘 당장 실천할 수 있는 방법 한 가지를 써 보세요.
명확한 목표와 행동으로
진정한 자유를 얻게 되길 바랍니다.

한 문장 필사 **명확한 목표와 행동으로 진정한 자유를 얻자.**

장

윤

진

셋. 무지개 공감

예전에는 태양을 닮은 '열정, 도전'과 같은 단어가 끌렸다면
지금은 들판을 닮은 '공감' 단어가 제 마음에 들어와 있습니다.

여러분은 '공감' 하면 어떤 이미지가 떠오르시나요?
저처럼 들판을 생각해 보셔도 좋고요.
서로의 손을 잡고 무지개를 향해 달려 나가는 모습도 생각나네요.

공감은
내 마음을 넓게 해 주고
소중한 사람과 성장할 수 있도록 도와주는 또 다른 벗입니다.

여러분이 선택한 공감으로
오늘 하루도 변화하고 성장할 수 있기를 바랍니다.

여러분의 마음이 들판이 되어

사람들과 함께 즐겁게 뛰어 노는 모습을 상상해 봅니다.

한 문장 필사 공감은 성장의 좋은 친구다.

전

미

화

하나. 나를 사랑해 주고 기대해 주세요

"나는 왜 이럴까?"
고민하지 마세요.
"나는 참 소중한 존재야."
자신을 사랑해 주세요.
시간과 정성이 필요해요.
오늘보다 더 성장할
내일의 나를 기대해 보세요.

나를 사랑할 수 있는 방법은 무엇일까요?
나를 사랑하면 어떤 변화와 성장을 기대할 수 있을까요?

소중한 나를 위해 나에게 제일 필요한 한 가지부터 정해 보세요.

그리고 실천해 봐요.
당신과 당신의 미래는 반짝반짝 빛이 날 거예요.

기대할게요.

한 문장 필사 나를 사랑해 주고 기대해 주세요.

전

미

화

둘. 당신은 지금 어떤 사랑을 하고 있나요?

당신은 지금 어떤 사랑을 원하고
어떤 사랑을 하고 있는지 생각해본 적, 있으신지요?
사랑하는 마음과 태도는 인생에 많은 영향을 줍니다.
올바른 사랑을 하고 사랑을 주려면
자신의 생각과 마음이 건강해야 해요.

올바른 사랑을 위해
내 마음을 건강하게 할 수 있는 방법에는 무엇이 있을까요?
여러분이 생각하는 방법들 중에서
가장 쉬운 방법부터 선택해보세요.

나 스스로가 건강하다는 것,
건강한 생각을 할 수 있다는 것,

그래서 사랑을 표현할 수 있다는 것,
참 좋은 일인 것 같아요.

우리 모두 건강한 마음으로 사랑하는 삶을 살아 보아요.
상상만 해도 행복해 집니다.

한 문장 필사 건강한 마음으로 사랑하는 삶을 살자.

전

미

화

셋. 모두에게 필요한 마음

하늘에게 행복을 달라 했더니 감사를 배우라 하네요.
나의 하루를 더 풍성하고 행복하게 만들고 싶다면,
감사를 먼저 배워보는 건 어떨까요?
감사는 나와 나의 주변을 행복하게 만들어 준답니다.

불평, 불만이 생길 때마다 말하기를 잠시 멈추고
좋은 것을 생각하면서 감사의 언어로 표현해 보세요.
건강한 몸에 감사해.
글을 읽을 수 있어 감사해.
미소로 인사 나눌 수 있어 감사해.
살아있음에 감사해.

그리고 감사할 줄 아는 나에게 칭찬해 주세요.
"넌 오늘도 해냈어!"라고요.

감사는 모두에게 꼭 필요한 마음입니다.

한 문장 필사 **감사는 모두에게 필요한 마음이다.**

전

복

선

하나. 최고의 명약, 감사

정민아.

세상과 나를 열린 마음으로 바라보자.

사랑이 차오르면서 풍요가 너의 영혼을 아름답게 수놓을 거야.

이것은

우리가 행복해지는 최고의 길, '감사'를 발견할 수 있는 방법이란다.

정민아.

네가 이곳에 존재하는 것만으로도 기적이란 걸 알고 있니?

고귀한 정민아.

네 안의 신에게 감사의 절을 보낸다.

나마스테.

(당신 안의 신에게 절합니다.)

매일 잠들기 전, 감사한 순간이나 감사한 사람을 떠올리며
"감사합니다."라고 말해보면 어떨까?
감사는 우리를 치유하는 최고의 명약이란다.
충만해진 몸과 마음으로 어떤 어려운 상황도 이겨낼
내 딸 정민아.
네 안의 거대한 우주를 만나고,
함께 손잡고 꿈을 향해 훨훨 날아보자.
너의 꿈은 이미 이루어지고 있어.

여러분도 소중한 사람에게 감사의 마음을 전하는 편지쓰기,
어떠신가요?

한 문장 필사 감사는 최고의 명약이다.

전
복
선

둘. 경청은 마음의 문을 여는 열쇠입니다

경청이란, 상대방의 이야기를 온몸으로 집중하여 듣는 것이지요.
세상으로 향하는 가장 기본적이고도 중요한 태도가 아닐까요?
누구나 나의 이야기를 하고 싶어 해요.
그 마음에 마중 나가는 것이 경청이에요.
고단한 하루에 마중 나오는 이가 있다면
그 삶은 얼마나 행복하고 풍요로울까요?

경청은 나와 사람들에게 관심과 사랑을 기울여야 가능해요.
무심한 듯 지나치는 일상에서 나의 인연들에게 따뜻한 눈인사로
마음을 열어 주세요.

내가 할 수 있는 경청의 방법들을 적어 보세요.

경청을 한다는 건 상대방의 마음을 볼 수 있는 최고의 마법인 것 같아요.
잠겨 있는 마음의 문에 살며시 다가가 경청으로 노크해 보세요.
경청은 마음의 문을 여는 열쇠입니다.

한 문장 필사 **경청은 마음의 문을 여는 열쇠입니다.**

전

복

선

셋. 화합은 꿈의 씨앗입니다

화합은,

우리네 인생에서 소중한 삶의 태도입니다.

여러분,

화합과 어울리는 생각과 감정을 떠올려 볼까요?

소중한 사람들과 함께 이루고 싶은 일을 적고 읽어보기,

내가 선택한 화합의 방법을 우선순위에 두기,

함께하는 이들의 마음을 헤아려 주기 등이 생각나네요.

여러분이 생각한 화합의 방법을 실천한다면

우리의 꿈을 아름답게 이루어 나갈 수 있을 거예요.

화합이라는 하모니를 나의 일상으로 초대하려면 어떤 것들이 필요할까요?

미래를 향해 미소 짓기, 미래를 배려하는 마음이 아닐까 싶어요.
'나는 왜 화합이 어려울까?'라는 생각보다
'나는 화합할 수 있는 에너지가 넘치는 사람이야.'라고 나의 영혼에 속삭여 주는 거죠.
그럼 나의 미래, 우리의 미래는 우리에게 미소 짓고 우리를 배려해 줄 거예요.

여러분은 이미,
화합을 이루어 가고 있습니다.

한 문장 필사 화합은 꿈의 씨앗입니다.

말은 경험을 엮은 실이 된다.

- 올더스 헉슬리 -

정
연
홍

하나. 감사 용서 깨달음

'감사'라는 두 글자,
정이 간다.
생각할수록 멋진 글자다.
감사 뒤에 덤으로 따라오는 건 평온함.
오늘도 감사하다.

용서,
마음을 움직여 진심으로 용서한다는 건 쉬운 일이 아니다.
가슴에 용서를 심어 본다.
기다려 주어야 한다.
진짜 용서를 만날 때까지.

사람은 계속 깨달아야 한다.

고개를 끄덕이며,
마음을 끄덕이며,
계속 배워야 한다는 뜻이다.
"아!" 감탄사와 함께
오늘도 깨닫고 배우자.

한 문장 필사 감사, 용서, 깨달음은 인생의 친구들이다.

정
연
홍

둘. 기쁨의 존재

나에게 꽃이 되어 주는 당신.
바라만 보아도 환한 미소가 절로 나온답니다.
나의 기쁨이 되어 주는 당신에게
저도 기쁨의 존재가 되고 싶어요.

여러분에게도 꽃과 같이 기쁨이 되어 주는 존재가 있나요?
여러분에게 기쁨이 되어 주어 고맙다고 말해주는 존재가 있나요?
서로를 기쁘게 여겨준다는 것,
참으로 행복한 일입니다.

"당신은 꽃과 같이 기쁨이 되어 주는 존재입니다."

나의 소중한 사람에게

오늘 이렇게 말을 건네거나 메시지를 보내는 건 어떨까요?

우리의 기쁨이 두 배가 되는 것이 느껴집니다.

한 문장 필사 **기쁨의 존재에게 기쁨을 표현하자.**

정
연
홍

셋. 너그러움

'너그러움' 단어를 생각하니
제 마음에 넓은 바다가 펼쳐지는 것 같아요.
그리고 잔잔한 물결이 일고 있어요.

앞만 보고 달려온 인생,
저에게 너그러움이 존재하고 있었나 싶은데
지금 글을 쓰며 상상하며 너그러움을 느끼고 있답니다.

여러분이 좋아하는 인생 단어 한 가지를 떠올려 보세요.
그 단어를 연상시키는 자연물도 함께요.
인생 단어가 있다는 것, 참 좋은 일입니다.
상상할 수 있다는 것, 참 좋은 일입니다.
글로 표현할 수 있다는 것, 참 좋은 일입니다.

오늘은 여러분 마음속에서 이미 살고 있는
너그러움을 바라봐 주시는 건 어떨까요?
많이 행복해지실 겁니다.

한 문장 필사 **너그러운 사람이 되자.**

조
경
미

하나. 우리, 조금 쉬어 가요

조급해하지 않아도 될 거예요.
한 걸음 한 걸음 내딛는 유연함을 배우고 싶습니다. 여유를 나에게 선물하며 성장을 이어가고 싶습니다.

천천히 천천히, 괜찮아.
후,
마음의 숨을 내뱉고 유연함을 찾은 우리의 모습을 상상해 봅니다.

일기장에 내 생각과 기분을 써 내려가는 것,
유연함을 배울 수 있는 방법 중 하나이지요. 그냥 쓰다보면 여유가 찾아옵니다.
상황을 빨리 처리하고자 하는 조급한 마음이
어느 순간 지혜로 바뀌어 있을 거예요.

전력질주 하다 보면 소중한 것을 놓쳐 버릴 때가 있지요.
잠시 눈을 감고 유연함을 가져 보아요. 나를 위한 유연함은 생각을 성숙시켜주는 선물이 됩니다.

한 문장 필사 유연함은 생각과 삶을 성숙시켜 준다.

조
경
미

둘. 공감 능력

사람들은 공감 받고자 노력한다 하지요.
왜 그럴까요?
사람의 마음을 얻고 싶어서겠지요.
하지만 역지사지의 마음이 있어야 진정한 공감을 할 수 있는 것 같아요.

공감은 삶의 에너지를 가져다줍니다. 우리는 공감 받을 수 있는 존재이자, 공감해줄 수 있는 존재들로서 말이죠.
공감의 시작,
어떻게 하면 좋을까요?
먼저 상대방을 향해 마음을 열어 보세요.
그리고 영혼과 영혼이 대화한다는 생각으로 경청하는 것이지요.
공감은 듣기에서 시작됩니다.

어느새 신뢰를 형성하는 관계가 되어 있을 겁니다.

공감 능력을 가지고 싶나요? 공감 받는 사람이 되고 싶나요? 공감해 주는 사람이 되고자 노력해 주는 것이 첫걸음입니다.

한 문장 필사 **공감은 서로를 인정해 주고 사랑해 주는 것이다.**

조경미

셋. 다시 한 발을 내딛습니다

목표를 행해 달려갑니다.
한 번씩 저에게 질문을 던집니다.
'이 길이 맞는 걸까?'
답을 얻을 수 없습니다.
그래서 두렵습니다.

두려움의 치료제,
책 한 권을 책꽂이에서 꺼내 듭니다.
그 어떤 책이든 나보다 앞선 저자들의 노하우를 읽으면
막연한 두려움에서 벗어나게 됩니다.

저에게 용기를 선물로 줍니다.

제주의 용천수가 바다로 끊임없이 흘러 들어오는 듯
용기, 희망, 자신감, 격려 등
무한 긍정의 에너지들이 찾아옵니다.

다시 한 발을 내딛습니다.
가는 길은 좁고 힘이 들지만
목표를 이루기 위해 두려움을 밀어내고
용기의 방패와 자신감의 창을 가지고
나 자신과의 싸움을 시작합니다.

여러분도 함께 하기를 기다리고 있습니다.
함께라면 더 빨리, 더 쉽게 해낼 테니까요.

한 문장 필사 다시 한 발을 내딛습니다.

주
순
득

하나. 68살의 용기

'이 나이에 무슨….'
마음은 진심 한 가득,
머리는 새하얀 백지.
하지만 용기를 냈어요.
글쓰기에 도전했어요.

여러분은 용기 내어 도전해 본 경험이 있으신가요?

처음부터 잘하는 사람은 없어요.
편안한 마음으로
차근차근 도전해 볼까요?
다른 작가들 글을 읽으면 웃음도 눈물도 나네요.
여러분도 같은 꿈을 꾸는 사람들과 함께해 보세요.

나도 할 수 있어!

솟아오르는 용기로 함께 시작해 봐요.

68살에 저도 용기 냈잖아요.

여러분도 할 수 있어요.

한 문장 필사 **우리는 할 수 있습니다!**

주
순
득

둘. 과거 땡! 미래 큐!

저는 이름이 두 개 있어요.
주순득 그리고 요양보호사.
바쁘게 지내온 시간 뒤 찾아 온 1년의 휴식 시간에
지난날을 떠올려 보았습니다.
요양원 환자들과 함께 울고 웃었던 순간들은
저의 미래인 듯 마음이 아팠던 기억들이에요.
자식이 있어도 없어도 결국 가야 하는 요양원.
늘어나는 수명만큼 걱정도 함께 늘어갈 수밖에 없었지요.
아들이 최고라던 옛말과 달리
요양원 부모님을 찾는 사람들은 대부분 딸입니다.
'큰일 났다. 나는 아들만 둘인데…….' 싶었어요.

하지만 이제 저는 요양원 안 가고
잘 살 수 있는 방법을 알고 있어요.
과거 땡! 미래 큐!
독서모임에서 듣게 된 말입니다.
'즐겁게 인생 살기 큐!'를 시작하면 됩니다.
여러분도 저와 같이 즐겁게 살아 보실래요?
글쓰기, 시 낭독, 고고장구, 신바람 노래교실, 캘리그라피로
일주일이 너무 즐겁고 신나요.
육십 평생 바쁘게 살아온 저에게 찾아 온
고마운 휴식 시간이지요.

여러분도 지금부터 인생 제대로 즐겨 보는 것, 어때요?
다시 돌아오지 않는 오늘,
다시 없을 내 인생,
즐기면서 휴식하면서 잘 살아보아요.
우리는 소중하니까요.

과거 땡! 미래 큐!

한 문장 필사 **휴식은 나를 찾아가는 기쁨입니다.**

주
순
득

셋. 감사합니다 감사합니다

새벽을 알리는 알람.
언제나 먼저 안부를 물어주는 이웃과 친구들.
잘 잤어?
운동 갈래?
받아보지 못했던 호의에 부담을 느끼기도 했어요.
몸이 안 좋을 때는 짜증도 부렸지요.

이제는 알아요.
이웃은 정말 소중한 인연이라는 것을요.
토요일 날, 제가 다니는 산악회에서 통영사랑도 산행을 갔답니다.
즐겁게 놀고 있는데 친구의 폰으로 전화가 걸려왔어요.
전화 받는 친구의 표정이 심상치 않았어요.
어찌할 바를 몰라 발만 동동 구르고 있었습니다.

집에 불이 난 것이었습니다.
소방차가 오고 사이렌 소리에 난리가 났나 봐요.
섬이라 바로 갈 수도 없는 상황이었죠.
친구의 남편이 가스레인지 위에 냄비를 올려놓은 것을 깜빡하고 외출을 한 거였어요.
냄비가 타서 연기가 집 밖으로 새어나오니 불이 난 줄 알고 이웃 주민이 119에 신고를 했답니다.
관리소에서 친구의 연락처를 받아 친구한테 전화가 온 거예요.
친구는 조금 진정 후에 신고를 해 준 이웃에게 집의 비밀번호를 알려주고 자기 남편에게도 알려 빨리 집으로 가도록 했어요. 다행히 냄비만 타서 불은 나지 않았어요. 소방차는 돌아가고 사건은 일단락되었습니다.

감사합니다. 감사합니다.
친구는 이웃에게 수없이 감사의 마음을 표현했어요.
저는 오늘 산행에서 깨달았습니다.
새벽을 울리는 알람도, 귀찮다고 여겼던 이웃주민도
고맙고 감사한 친구라는 것을요.
좋은 사람들 곁에 있어서 늘 행복합니다.
감사합니다.

감사합니다.

오늘 여러분은 누구에게 감사하게 될까요?

한 문장 필사 감사는 행복의 시작이다.

최
경
순

하나. 여유를 즐기세요

하늘 한번 쳐다보는
여유를 가져보세요.
눈이 시린 맑은 날도
해가 뜨는 일출도
해가 지는 일몰 때도
앞만 보지 말고
위를 쳐다보는
여유를 즐기세요.

평안함과 풍성함이
내게로 몰려옵니다.
하늘을 닮은 여유는
언제나 내편입니다.

바쁘게 살아간다고
시간이 없을까요?
여유를 즐길 기회,
놓치지 마세요.

하늘, 산, 바다, 풀꽃, 바람 한 줌 모든 곳에
여유가 숨어 있습니다.
오늘부터 하루에 한 번,
숨어있는 여유를 찾아보는 건 어떨까요?

최경순

한 문장 필사 여유를 즐기세요.

최

경

순

둘. 휴식은 황금이다

삶은 아름다워요.

그리고 누구나 목표를 가지고 있지요.

목표가 무엇이든 그것은 우리 삶에 큰 영향을 미칩니다.

저에게 휴식은 황금과 같아요.

휴식을 잘 하는 것이 삶의 목표 중 하나이지요.

제 삶에 지식을 더해주고 희망을 주고 길을 안내해주고 행복을 주는 휴식입니다.

휴식이 없다면 진정한 능력이 발휘될까?

진짜 행복을 알 수 있을까?

지쳐 쓰러지면 과연 어떻게 될까?

생각해 본다면, 휴식이 얼마나 중요한지 알 수 있을 거예요.

이만큼 잘 살아온 지금의 나,
휴식하기에 충분한 존재입니다.
여러분에게도 휴식이 필요해요.
휴식을 삶의 목표 중 하나로 삼고
열심히 살고 있는 자신을 토닥여 주는 여유로운 시간을 가지면 좋겠어요.

여러분의 휴식을 응원드려요.

한 문장 필사 휴식은 황금이다.

최
경
순

셋. 나는, 책임감 있는 사람이다

아버지는 엄마와 동생들을 저에게 맡기고 일찍 하늘나라로 떠나셨어요.
저는 주경야독하며 동생들을 책임졌지요.
동생들을 잘 키워야 했기에
누나, 언니로서 호랑이가 될 수밖에 없었습니다.

맏이로서 동생들에게 무엇이든 나눠주고 나면 기분이 좋았어요.
지금은 각자의 자리에서 행복하게 잘 살아가는 동생들을 보니
뿌듯하고 행복합니다.

어렸을 적엔 힘들었지만,
일찍 배운 저의 책임감은 결국 사랑과 행복이 되었네요.
저를 성장시켜 주었고요.

여러분께 말씀드리고 싶어요.
때론 버거울 수도 있지만,
책임감은 소중한 나의 사람들과 나의 성장을 위해 꼭 필요한 덕목이라고요.

책임감, 어려운 것 아닙니다.
소소한 일상 가운데 책임감을 발휘할 수 있는 방법이나 상황 한 가지를 떠올려 보세요.
그리고 이렇게 다짐해 주세요.
'나는, 책임감 있는 사람이다!'

맞아요.
당신은 책임감 있는 먼진 분입니다.

한 문장 필사 **나는, 책임감 있는 사람이다.**

최
영
혜

하나. 감사로 채우는 삶

왜 그럴까?
이해가 안 되네?
내말은 그런 뜻이 아닌데.
라는 생각이 들 때 여러분은 어떻게 하시나요?
그 순간 온전히 내가 할 수 있는 것에 집중해 보는 건 어떨까요?
그리고 계속해보세요.
마지막으로 그 일에서 감사한 것을 찾아보세요.

내가 원하는 것은 무엇이든 담을 수 있는 마음 그릇에 무엇을 담고 싶나요?
원망, 불편, 비난보다 감사로 가득 채워보는 건 어떨까요?

자기 전에 오늘 감사한 일에 대해 한 가지 써보는 것도 좋을 거예요.

지금 생각나는 사람이 있나요?

편지나 카톡으로 감사의 마음을 전해 보세요.

지금 내 마음을 있는 그대로

고맙다고 감사하다고 전해보세요.

감사의 깊이가 깊어질수록 사랑도 깊어질 겁니다.

우리의 소중한 삶,

감사로 채워 가면 좋겠습니다.

한 문장 필사 **나의 삶과 마음을 감사로 채우자.**

최
영
혜

둘. 나 사랑

자신을 사랑할 수 있는 사람은
다른 사람도 진심으로 사랑할 수 있습니다.
존재 자체로 서로를 사랑할 수 있다는 것은
우리 삶에 선하고 좋은 영향을 줍니다.
자신의 삶과 상대방의 삶을 귀히 여기고 사랑할 수 있다면
우리의 삶이 얼마나 행복할까요?
살맛나는 인생이죠.

이 세상에서 가장 소중한 자신의 얼굴을 보며
이렇게 말해 주세요.
○○○, 잘 했어.
○○○, 잘 하고 있어.

○○○, 잘 할 거야.
참 귀한 사람, 바로 ○○○이야.

넌 참 사랑스러워.
넌 소중한 사람이야.
난 언제나 네 편이야.

진짜 사랑은 자신으로부터 시작됩니다.

한 문장 필사 내가 사랑하는 사람은 바로 나.

최

영

혜

셋. 내가 만드는 화합

화합된 팀을 원한다면
팀을 위해 내가 무엇을 할 수 있을지 생각해보세요.
자신을 잘 관찰해보면
재능과 강점이 보일 겁니다.
신께서 주신 당신의 재능과 강점으로 팀에 기여해보세요.
당신의 탁월함은
당신과 팀원들에게 용기와 자신감을 선물해 주어
멋진 화합을 이루어낼 수 있습니다.

화합은 내가 먼저 내어주는 것으로부터 시작됩니다.
그러므로 먼저 나에게 집중해야 합니다.
먼저 혼자서 내가 잘할 수 있는 것을 스스로 해보세요.
나 혼자가 둘이 되고 둘이 셋이 됩니다.

스스로 하는 사람들로 이루어진 팀!
화합의 가장 중요한 자세입니다.

혼자 가는 길은 외롭고 쓸쓸하지만
함께 가는 길은 멀리, 오래 갈 수 있다고 하죠.
한 방울의 물이 모이고 모이면
강이 되고 바다가 됩니다.
이처럼, 함께의 힘으로 모든 것을 해낼 수 있지요.

화합은 당신이 만드는 것입니다.

최영혜

한 문장 필사 나로부터 시작되는 화합의 힘은 위대하다.

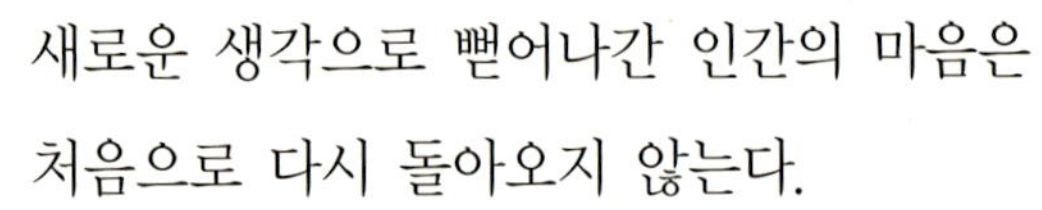

새로운 생각으로 뻗어나간 인간의 마음은
처음으로 다시 돌아오지 않는다.

▪ 올리버 웬델 홈즈 ▪

당신의 신념을 행동으로 옮겨라.

▪ 랄프 왈도 에머슨 ▪

할 수 있는 일을 모두 다하고 나면
자신에게 놀라게 될 것이다.

▪ 토마스 에디슨 ▪